16	3	2	13
5	10	11	8
9	6	7	12
4	15	14	1

coleção TRANS

Gilles Deleuze

PROUST
E OS SIGNOS

Tradução
Roberto Machado

editora 34

EDITORA 34

Editora 34 Ltda.
Rua Hungria, 592 Jardim Europa CEP 01455-000
São Paulo - SP Brasil Tel/Fax (11) 3811-6777 www.editora34.com.br

Copyright © Editora 34 Ltda. (edição brasileira), 2022
Proust et les signes © Presses Universitaires de France, 1964-1976

A FOTOCÓPIA DE QUALQUER FOLHA DESTE LIVRO É ILEGAL E CONFIGURA UMA
APROPRIAÇÃO INDEVIDA DOS DIREITOS INTELECTUAIS E PATRIMONIAIS DO AUTOR.

Título original:
Proust et les signes

Capa, projeto gráfico e editoração eletrônica:
Franciosi & Malta Produção Gráfica

Revisão:
Alberto Martins, Raquel Camargo, Beatriz de Freitas Moreira

1ª Edição - 2022

CIP - Brasil. Catalogação-na-Fonte
(Sindicato Nacional dos Editores de Livros, RJ, Brasil)

D390p

Deleuze, Gilles, 1925-1995
    Proust e os signos / Gilles Deleuze;
tradução de Roberto Machado. — São Paulo:
Editora 34, 2022 (1ª Edição).
176 p. (Coleção TRANS)

ISBN 978-65-5525-109-8

Tradução de: Proust et les signes

    1. Filosofia. 2. Proust, Marcel, 1871-1922.
3. À la recherche du temps perdu, 1913-1927.
4. Machado, Roberto, 1942-2021. I. Título.
II. Série.

CDD - 190

PROUST E OS SIGNOS

Prefácio à terceira edição.................................... 7

Primeira parte
OS SIGNOS

I. Os tipos de signos.. 11
II. Signo e verdade.. 21
III. O aprendizado... 31
IV. Os signos da arte e a Essência.......................... 43
V. Papel secundário da memória............................. 55
VI. Série e grupo.. 67
VII. O pluralismo no sistema dos signos..................... 83
Conclusão: A imagem do pensamento.......................... 91

Segunda parte
A MÁQUINA LITERÁRIA

I. Antilogos.. 101
II. As caixas e os vasos.................................... 111
III. Os níveis da *Recherche*............................... 125
IV. As três máquinas.. 137
V. O estilo... 151
Conclusão: Presença e função da loucura, a Aranha.......... 159

Sobre o autor.. 171
Sobre o tradutor... 173

A paginação da edição original francesa (Paris, PUF, 4ª ed., 1976) está assinalada em itálico e entre colchetes ao longo do texto. As citações das obras de Proust foram traduzidas por Roberto Machado. (N. da E.)

PREFÁCIO À TERCEIRA EDIÇÃO
[5]

A primeira parte deste livro diz respeito à emissão e à interpretação dos signos tais como eles se apresentam em *À la recherche du temps perdu*. A outra parte, acrescentada em bloco à segunda edição, de 1970, trata de um problema diferente: a produção e a multiplicação dos próprios signos, do ponto de vista da composição da *Recherche*. Para maior clareza, esta segunda parte foi agora dividida em capítulos. Sua conclusão é o remanejamento de um texto publicado num volume coletivo na Itália (*Saggi e ricerche di letteratura francese*, vol. XII, Roma, Bulzoni, 1973).

G. D.

ABREVIAÇÕES UTILIZADAS NAS NOTAS
[6]

R   *À la recherche du temps perdu*

I   CS   *Du côté de chez Swann*
      JF   *À l'ombre des jeunes filles en fleurs*
II   CG   *Le côté de Guermantes*
      SG   *Sodome et Gomorrhe*
III   P   *La Prisonnière*
      AD   *Albertine disparue*
      TR   *Le temps retrouvé*

As citações de *À la recherche du temps perdu* serão feitas a partir da edição crítica da Bibliothèque de la Pléiade, Paris, Gallimard, 1954, indicando-se o título do livro, o volume da edição e o número da página. A segunda edição da Pléiade, de 1987-1989, com paginação diferente, traz uma "Table de concordance" entre as duas.

Primeira parte
OS SIGNOS

[7]

Capítulo I
OS TIPOS DE SIGNOS
[9]

Em que consiste a unidade de *À la recherche du temps perdu?* Sabemos ao menos que ela não consiste na memória, na lembrança, até mesmo involuntária. O essencial da *Recherche* não está na *madeleine* nem nas pedras do calçamento. Por um lado, a *Recherche*, a busca, não é simplesmente um esforço de lembrança, uma exploração da memória: a palavra deve ser tomada em sentido preciso, como na expressão "busca da verdade". Por outro lado, o tempo perdido não é simplesmente o tempo passado; é também o tempo que se perde, como na expressão "perder tempo". É certo que a memória intervém como um meio da busca, mas não é o meio mais profundo; e o tempo passado intervém como uma estrutura do tempo, mas não é a estrutura mais profunda. Os campanários de Martinville e a pequena frase musical de Vinteuil, onde não há nenhuma lembrança, nenhuma ressurreição do passado, têm sempre mais importância, para Proust, do que a *madeleine* e as pedras de Veneza, que dependem *[10]* da memória, e, por isso, remetem ainda a uma "explicação material".[1]

Não se trata de uma exposição da memória involuntária, mas do relato de um aprendizado — mais precisamente, do aprendizado de um homem de letras.[2] O caminho de Méséglise e o caminho de Guermantes são menos fontes de lembrança do que matérias-primas, linhas do aprendizado. São os dois caminhos de uma "formação". Proust insiste constantemente nisto: em dado momento o herói não conhece ainda determinado fato que virá a descobrir

[1] P, RIII, p. 375.
[2] TR, RIII, p. 907.

mais tarde, quando se desfizer da ilusão em que vivia. Daí o movimento de decepções e revelações que dá ritmo a toda a *Recherche*. Pode-se evocar o platonismo de Proust — aprender é ainda relembrar; mas, por mais importante que seja o seu papel, a memória só intervém como o meio de um aprendizado que a ultrapassa tanto por seus objetivos quanto por seus princípios. A *Recherche* é voltada para o futuro e não para o passado.

Aprender diz respeito essencialmente aos *signos*. Os signos são objeto de um aprendizado temporal, não de um saber abstrato. Aprender é, antes de tudo, considerar uma matéria, um objeto, um ser, como se emitissem signos a serem decifrados, interpretados. Não existe aprendiz que não seja "egiptólogo" de alguma coisa. Alguém só se torna marceneiro tornando-se sensível aos signos da madeira, e médico tornando-se sensível aos signos da doença. A vocação é sempre predestinação com relação a signos. *[11]* Tudo que nos ensina alguma coisa emite signos, todo ato de aprender é uma interpretação de signos ou de hieróglifos. A obra de Proust é baseada não na exposição da memória, mas no aprendizado dos signos.

Dos signos ela extrai sua unidade e seu surpreendente pluralismo. A palavra "signo" é uma das mais frequentes da *Recherche*, principalmente na sistematização final, que constitui o *Tempo redescoberto*. A *Recherche* se apresenta como a exploração dos diferentes mundos de signos, que se organizam em círculos e se cruzam em certos pontos. Pois os signos são específicos e constituem a matéria dos diversos mundos. Isso já se vê nos personagens secundários: Norpois e o código diplomático, Saint-Loup e os signos estratégicos, Cottard e os sintomas médicos. Pode-se ser muito hábil em decifrar os signos de uma especialidade, mas continuar idiota em tudo o mais, como o caso de Cottard, grande clínico. Além disso, num domínio comum, os mundos se fecham: os signos dos Verdurin não funcionam entre os Guermantes; inversamente, o estilo de Swann ou os hieróglifos de Charlus também não funcionam entre os Verdurin.

A unidade de todos os mundos é que eles formam sistemas de signos emitidos por pessoas, objetos, matérias; não se descobre nenhuma verdade, não se aprende nada, a não ser por decifração e interpretação. Mas a pluralidade dos mundos consiste no fato de que esses signos não são do mesmo tipo, não aparecem da mesma maneira, não podem ser decifrados do mesmo modo, não mantêm com o seu sentido uma relação idêntica. Os signos formam ao mesmo tempo a unidade e a pluralidade da *Recherche*: esta é a hipótese que *[12]* devemos verificar ao considerar os mundos de que o herói participa diretamente.

O primeiro mundo da *Recherche* é o da mundanidade. Não existe meio que emita e concentre tantos signos em espaços tão reduzidos e em tão grande velocidade. Na verdade, esses signos não são homogêneos. Em um mesmo momento eles se diferenciam, não somente segundo as classes, mas segundo "famílias espirituais" ainda mais profundas. De um momento para outro eles evoluem, imobilizam-se ou são substituídos por outros signos. Assim, a tarefa do aprendiz é compreender por que alguém é "recebido" em determinado mundo e por que alguém deixa de sê-lo; a que signos obedecem esses mundos e quem são seus legisladores e seus papas. Na obra de Proust, Charlus é o mais prodigioso emissor de signos, pelo seu poder mundano, seu orgulho, seu senso teatral, seu rosto e sua voz. Mas Charlus, movido pelo amor, não é nada nos salões dos Verdurin; e até mesmo em seu próprio mundo, acabará por não ser mais nada quando as leis implícitas tiverem mudado. Qual é, então, a unidade dos signos mundanos? Uma saudação do duque de Guermantes deve ser interpretada e, neste caso, os riscos de erro são tão grandes quanto num diagnóstico. O mesmo acontece com uma mímica da Sra. Verdurin.

O signo mundano surge como substituto de uma ação ou de um pensamento, ocupando-lhes o lugar. Trata-se, portanto, de um signo que não remete a nenhuma outra coisa, significação transcendente ou conteúdo ideal, mas que usurpou o suposto *[13]* valor de seu sentido. Por esta razão a mundanidade, julgada do ponto de vista das ações, é decepcionante e cruel e, do ponto de vista do pensamento, estúpida. Não se pensa, não se age, mas emitem-se signos. Nada engraçado é dito na casa da Sra. Verdurin, e ela não ri, mas Cottard faz sinal de que está dizendo alguma coisa engraçada, a Sra. Verdurin faz sinal de que ri e esse signo é tão perfeita-

Os tipos de signos

mente emitido que o Sr. Verdurin, para não parecer inferior, procura, por sua vez, uma mímica apropriada. A Sra. de Guermantes tem, muitas vezes, um coração duro, um pensamento fraco, mas emite sempre signos encantadores. Ela nada faz por seus amigos, não pensa como eles, ela lhes emite signos. O signo mundano não remete a alguma coisa; ele a "substitui", pretende valer por seu sentido. Antecipa ação e pensamento, anula pensamento e ação, e se declara suficiente. Daí seu aspecto estereotipado e sua vacuidade, embora não se possa concluir que esses signos sejam desprezíveis. O aprendizado seria imperfeito e até mesmo impossível se não passasse por eles. Eles são vazios, mas essa vacuidade lhes confere uma perfeição ritual, como que um formalismo que não se encontrará em outro lugar. Somente os signos mundanos são capazes de provocar uma espécie de exaltação nervosa, exprimindo sobre nós o efeito das pessoas que sabem produzi-los.[3]

O segundo círculo é o do amor. O encontro Charlus-Jupien leva o leitor a assistir à mais prodigiosa [14] troca de signos. Apaixonar-se é individualizar alguém pelos signos que traz consigo ou emite. É tornar-se sensível a esses signos, aprendê-los (como a lenta individualização de Albertine no grupo das jovens). É possível que a amizade se nutra de observação e de conversa, mas o amor nasce e se alimenta de interpretação silenciosa. O ser amado aparece como um signo, uma "alma": exprime um mundo possível, desconhecido de nós. O amado implica, envolve, aprisiona um mundo, que é preciso decifrar, isto é, interpretar. Trata-se mesmo de uma pluralidade de mundos; o pluralismo do amor não diz respeito apenas à multiplicidade dos seres amados, mas também à multiplicidade das almas ou dos mundos contidos em cada um deles. Amar é procurar *explicar*, *desenvolver* esses mundos desconhecidos que permanecem envolvidos no amado. Por isso é tão comum nos apaixonarmos por mulheres que não são do nosso "mundo", nem mesmo do nosso tipo. Por isso também as mulheres amadas estão muitas vezes ligadas a paisagens que conhecemos tanto a

[3] CG, RII, pp. 547-52.

ponto de desejarmos vê-las refletidas em seus olhos; mas essas paisagens se refletem, então, de um ponto de vista tão misterioso que são para nós como que países inacessíveis, desconhecidos: Albertine envolve, incorpora, amalgama "a praia e a impetuosidade das ondas". Como poderíamos ter acesso a uma paisagem que não é mais aquela que vemos, mas, ao contrário, aquela em que somos vistos? "Se ela me tivesse visto, que poderia eu representar para ela? Do seio de que universo ela me distinguiria?"[4] *[15]*

Há, portanto, uma contradição no amor. Não podemos interpretar os signos de um ser amado sem desembocar em mundos que se formaram sem nós, que se formaram com outras pessoas, onde não somos, de início, senão um objeto como os outros. O amante deseja que o amado lhe dedique todas as suas preferências, seus gestos e suas carícias. Mas mesmo no momento em que os gestos do amado se dirigem a nós e nos são dedicados, exprimem ainda o mundo desconhecido que nos exclui. O amado nos emite signos de preferência; mas, como esses signos são os mesmos que aqueles que exprimem mundos de que não fazemos parte, cada preferência que usufruímos delineia a imagem do *mundo possível* onde outros seriam ou são preferidos. "Mas logo seu ciúme, como se fosse a sombra de seu amor, se completava com o duplo desse novo sorriso que ela lhe dirigira naquela mesma noite — e que, inverso agora, zombava de Swann e enchia-se de amor por outro... De modo que ele chegava a lamentar cada prazer que tinha com ela, cada carícia inventada e cuja doçura ela tivera a imprudência de lhe assinalar, cada graça que nela descobria, porque sabia que dali a instantes iriam enriquecer de novos instrumentos o seu suplício."[5] A contradição do amor consiste nisto: os meios de que dispomos para preservar-nos do ciúme são os mesmos que desenvolvem esse ciúme, dando-lhe uma espécie de autonomia, de independência, com relação ao nosso amor. *[16]*

A primeira lei do amor é subjetiva: subjetivamente o ciúme é mais profundo do que o amor; ele contém a verdade do amor. O

[4] JF, RI, p. 794.
[5] CS, RI, p. 276.

ciúme vai mais longe na apreensão e na interpretação dos signos. Ele é a destinação do amor, sua finalidade. De fato, é inevitável que os signos de um ser amado, desde que os "expliquemos", revelem-se mentirosos: dirigidos a nós, aplicados a nós, eles exprimem, entretanto, mundos que nos excluem e que o amado não quer, não pode nos revelar. Não em virtude de uma má vontade do amado, mas em razão de uma contradição mais profunda, que provém da natureza do amor e da situação geral do ser amado. Os signos amorosos não são como os signos mundanos: não são signos vazios, que substituem o pensamento e a ação; são signos mentirosos que não podem se dirigir a nós senão escondendo o que exprimem, isto é, a origem dos mundos desconhecidos, das ações e dos pensamentos desconhecidos que lhes dão sentido. Eles não suscitam uma exaltação nervosa superficial, mas o sofrimento de um aprofundamento. As mentiras do amado são os hieróglifos do amor. O intérprete dos signos amorosos é necessariamente um intérprete de mentiras. O seu destino está contido no lema: "Amar sem ser amado".

Que esconde a mentira dos signos amorosos? Todos os signos mentirosos emitidos por uma mulher amada convergem para um mesmo mundo secreto: o mundo de Gomorra, que também não depende dessa ou daquela mulher (embora determinada mulher possa encarná-lo melhor do que outra), mas é a possibilidade feminina por excelência, como um *a priori [17]* que o ciúme descobre. O mundo expresso pela mulher amada é sempre um mundo que nos exclui, mesmo quando ela nos dá mostras de preferência. Mas, de todos os mundos, qual o mais exclusivo? "Era uma *terra incognita* terrível à qual eu acabava de chegar, uma fase nova de sofrimentos insuspeitados que se abria. E, no entanto, esse dilúvio da realidade que nos submerge, se é enorme comparado a nossas tímidas suposições, era por elas pressentido [...] o rival não era semelhante a mim, suas armas eram diferentes, eu não podia lutar no mesmo terreno, proporcionar a Albertine os mesmos prazeres, nem mesmo concebê-los de modo exato."[6] Interpretamos todos os signos da mulher amada, mas no final dessa dolorosa decifração

[6] SG, RII, pp. 1115-20.

nos deparamos com o signo de Gomorra como a expressão mais profunda de uma realidade feminina original.

A segunda lei do amor proustiano se liga à primeira: objetivamente os amores intersexuais são menos profundos que a homossexualidade, encontram sua verdade na homossexualidade. Pois, se é verdade que o segredo da mulher amada é o segredo de Gomorra, o segredo do amante é o de Sodoma. Em circunstâncias análogas, o herói da *Recherche* surpreende a Srta. Vinteuil e surpreende Charlus.[7] Mas a Srta. Vinteuil explica todas as mulheres amadas, como Charlus implica todos os amantes. No infinito de nossos amores está o Hermafrodita original. Mas o Hermafrodita não é um ser capaz de fecundar-se. Em vez de reunir os *[18]* sexos, ele os separa; é a fonte de onde jorram continuamente as duas séries homossexuais divergentes, a de Sodoma e a de Gomorra. É ele que possui a chave da predição de Sansão: "Os dois sexos morrerão cada um do seu lado".[8] Assim, os amores intersexuais são apenas a aparência que encobre a destinação de cada um, escondendo o fundo maldito onde tudo se elabora. Se as duas séries homossexuais são o mais profundo, é também em função dos signos. As personagens de Sodoma e de Gomorra compensam, pela intensidade do signo, o segredo a que estão ligadas. De uma mulher que olha Albertine, Proust escreve: "Poder-se-ia dizer que ela lhe faz sinais com a ajuda de um farol".[9] O mundo do amor vai dos signos reveladores da mentira aos signos ocultos de Sodoma e Gomorra.

O terceiro mundo é o das impressões ou das qualidades sensíveis. Uma qualidade sensível nos proporciona uma estranha alegria, ao mesmo tempo que nos transmite uma espécie de imperativo. Uma vez experimentada, a qualidade não aparece mais como uma propriedade do objeto que a possui no momento, mas como

[7] SG, RII, p. 608.

[8] SG, RII, p. 616.

[9] SG, RII, p. 851.

o signo de um objeto *completamente diferente*, que devemos tentar decifrar por um esforço sempre sujeito ao fracasso. Tudo se passa como se a qualidade envolvesse, mantivesse aprisionada, a alma de um objeto diferente daquele que ela agora designa. Nós "desenvolvemos" *[19]* essa qualidade, essa impressão sensível, como um pedacinho de papel japonês que se abre na água e liberta a forma aprisionada.[10] Exemplos como esse são os mais célebres da *Recherche*, e aumentam no final (a revelação final do "tempo redescoberto" é anunciada pela multiplicação desses signos). Mas, quaisquer que sejam os exemplos — *madeleine*, campanários, árvores, pedras, guardanapo, barulho da colher ou de um cano d'água —, trata-se sempre do mesmo desenvolvimento. No princípio, uma intensa alegria, de tal modo que esses signos já se distinguem dos precedentes por seu efeito imediato. Depois, uma espécie de sentimento de obrigação, necessidade de um trabalho do pensamento: procurar o sentido do signo (no entanto, nós nos furtamos a esse imperativo, por preguiça ou porque nossas buscas fracassam por impotência ou má sorte: como acontece no caso das árvores). Finalmente, o sentido do signo aparece, revelando-nos o objeto oculto — Combray para a *madeleine*, as jovens para os campanários, Veneza para as pedras do calçamento...

É duvidoso que o esforço de interpretação termine aí. Falta ainda explicar a razão pela qual, através da solicitação da *madeleine*, Combray não se contenta em ressurgir tal como esteve presente (simples associação de ideias), mas surge absolutamente sob uma forma jamais vivida, na sua "essência", na sua eternidade. Ou, o que vem a dar no mesmo, resta explicar por que sentimos uma alegria tão intensa e tão particular. Em um texto importante, Proust cita a *madeleine* como um fracasso: "Eu tinha então adiado *[20]* a busca das causas profundas".[11] Entretanto, a *madeleine*, de determinado ponto de vista, aparece como um verdadeiro sucesso: o intérprete encontra seu sentido, não sem esforço, na lembrança inconsciente de Combray. As três árvores, pelo contrário,

[10] CS, RI, p. 47.
[11] TR, RIII, p. 867.

são um fracasso total, pois seu sentido nunca é elucidado. Deve-se portanto pensar que, ao escolher a *madeleine* como exemplo de insuficiência, Proust visa a uma nova etapa da interpretação, uma etapa final.

As qualidades sensíveis ou as impressões, mesmo bem interpretadas, não são ainda em si mesmas signos suficientes. Não são mais signos vazios, provocando-nos uma exaltação artificial, como os signos mundanos. Também não são signos mentirosos que nos fazem sofrer, como os do amor, cujo verdadeiro sentido nos provoca um sofrimento cada vez maior. São signos verídicos, que imediatamente nos dão uma sensação de alegria incomum, signos plenos, afirmativos e alegres. *Mas são signos materiais.* Não simplesmente por sua origem sensível. Mas seu sentido tal como é desenvolvido significa Combray, as jovens, Veneza ou Balbec. Não é apenas sua origem, mas sua explicação, seu desenvolvimento, que permanece material.[12] Sentimos que Balbec, Veneza... não surgem como produto de uma associação de ideias, mas em pessoa e em essência. Todavia, não estamos ainda em estado de poder compreender o que é essa essência ideal, *[21]* nem por que sentimos tanta alegria. "O gosto da *madeleine* lembrava-me Combray. Mas, por que, num como noutro momento, as imagens de Combray e de Veneza me tinham dado uma alegria semelhante a uma certeza e suficiente para, sem mais provas, me tornar a morte indiferente?"[13]

No final da *Recherche*, o intérprete compreende o que lhe escapara no caso da *madeleine* ou dos campanários: o sentido material não é nada sem uma essência ideal que ele encarna. O erro é acreditar que os hieróglifos representam "apenas objetos materiais".[14] O que permite agora ao intérprete ir mais além é que, nesse meio-tempo, o problema da Arte foi colocado e resolvido. Ora, o mundo da Arte é o último mundo dos signos; e esses signos, co-

[12] P, RIII, p. 375.

[13] TR, RIII, p. 867.

[14] TR, RIII, p. 878.

mo que *desmaterializados*, encontram seu sentido numa essência ideal. Desde então, o mundo revelado da Arte reage sobre todos os outros, principalmente sobre os signos sensíveis; ele os integra, dá-lhes o colorido de um sentido estético e penetra no que eles tinham ainda de opaco. Compreendemos então que os signos sensíveis *já* remetiam a uma essência ideal que se encarnava no seu sentido material. Mas sem a Arte nunca poderíamos compreender isso, nem ultrapassar o nível de interpretação que correspondia à análise da *madeleine*. É por essa razão que todos os signos convergem para a arte; todos os aprendizados, pelas mais diversas vias, são [22] aprendizados inconscientes da própria arte. No nível mais profundo, o essencial está nos signos da arte.

Ainda não os definimos. Pedimos apenas que nos concedam que o problema de Proust é o dos signos em geral e que os signos constituem diferentes mundos: signos mundanos vazios, signos mentirosos do amor, signos sensíveis materiais e, finalmente, signos essenciais da arte (que transformam todos os outros).

Capítulo II
SIGNO E VERDADE
[23]

Na realidade, a *Recherche du temps perdu* é uma busca da verdade. Se ela se chama busca do tempo perdido é apenas porque a verdade tem uma relação essencial com o tempo. Tanto no amor como na natureza ou na arte, não se trata de prazer, mas de verdade.[1] Ou melhor, só usufruímos os prazeres e as alegrias que correspondem à descoberta da verdade. O ciumento sente uma pequena alegria quando consegue decifrar uma mentira do amado, como um intérprete que consegue traduzir um trecho complicado, mesmo quando a tradução lhe revela um fato pessoalmente desagradável e doloroso.[2] É preciso então compreender como Proust define sua própria busca da verdade, como a contrapõe a outras buscas, científicas ou filosóficas.

Quem procura a verdade? O que está querendo dizer aquele que diz "eu quero a verdade"? Proust não acredita *[24]* que o homem, nem mesmo um espírito supostamente puro, tenha naturalmente um desejo do verdadeiro, uma vontade de verdade. Nós só procuramos a verdade quando estamos determinados a fazê-lo em função de uma situação concreta, quando sofremos uma espécie de violência que nos impele a essa busca. Quem procura a verdade? O ciumento sob a pressão das mentiras do amado. Há sempre a violência de um signo que nos força a procurar, que nos rouba a paz. A verdade não é descoberta por afinidade, nem com boa vontade; ela *se trai* por signos involuntários.[3]

[1] JF, RI, p. 442.
[2] CS, RI, p. 282.
[3] CG, RII, p. 66.

O erro da filosofia é pressupor em nós uma boa vontade de pensar, um desejo, um amor natural pela verdade. Assim, a filosofia atinge apenas verdades abstratas que não comprometem, nem perturbam. "As ideias formadas pela inteligência pura só possuem uma verdade lógica, uma verdade possível, sua escolha é arbitrária."[4] Elas permanecem gratuitas porque nascidas da inteligência, que só lhes confere uma possibilidade, e não de um encontro ou de uma violência, que lhes garantiria a autenticidade. As ideias da inteligência só valem por sua significação explícita, portanto convencional. Um dos temas em que Proust mais insiste é este: a verdade nunca é o produto de uma boa vontade prévia, mas o resultado de uma violência sobre o pensamento. As significações explícitas e convencionais nunca são profundas; só é profundo o sentido, tal como é envolvido, implicado num signo exterior. *[25]*

À ideia filosófica de "método", Proust opõe a dupla ideia de "coação" e "acaso". A verdade depende de um encontro com alguma coisa que nos força a pensar e a procurar o verdadeiro. O acaso dos encontros, a pressão das coações são os dois temas fundamentais de Proust. Pois é o signo que é objeto de um encontro e é ele que exerce sobre nós a violência. O acaso do encontro é que garante a necessidade daquilo que é pensado. Fortuito e inevitável, como diz Proust. "E eu sentia nisso a marca de sua autenticidade. Não procurara as duas pedras em que tropeçara no pátio."[5] O que quer aquele que diz "eu quero a verdade"? Ele só a quer coagido e forçado. Só a quer sob o império de um encontro, em relação a determinado signo. Ele quer interpretar, decifrar, traduzir, encontrar o sentido do signo. *"Era preciso*, portanto, dar sentido aos menores signos que me rodeavam, Guermantes, Albertine, Gilberte, Saint-Loup, Balbec etc."[6]

Procurar a verdade é interpretar, decifrar, explicar, mas essa "explicação" se confunde com o desenvolvimento do signo em si

---

[4] TR, RIII, p. 880.

[5] TR, RIII, p. 879.

[6] TR, RIII, p. 897.

mesmo; por isso a *Recherche* é sempre temporal e a verdade sempre verdade do tempo. A sistematização final nos lembra que o próprio Tempo é plural. Daí a grande distinção entre o Tempo perdido e o Tempo redescoberto: há verdades do tempo perdido e verdades do tempo redescoberto. É importante *[26]* distinguir quatro estruturas do tempo, cada qual com sua verdade. O tempo perdido não é apenas o tempo que passa, alterando os seres e anulando o que existiu; é também o tempo que se perde (por que, em vez de trabalharmos e sermos artistas, perdemos tempo na vida mundana, nos amores?). E o tempo redescoberto é, antes de tudo, um tempo que redescobrimos no âmago do tempo perdido e que nos revela a imagem da eternidade; mas é também um tempo original absoluto, verdadeira eternidade que se afirma na arte. Cada tipo de signo tem uma linha de tempo privilegiado que lhe corresponde, em que o pluralismo multiplica as combinações. Cada tipo de signo participa, de modo desigual, de várias linhas de tempo; uma mesma linha mistura desigualmente vários tipos de signos.

Há signos que nos forçam a pensar o tempo perdido, isto é, a passagem do tempo, o aniquilamento do que existiu e a alteração dos seres. Rever pessoas que nos foram muito familiares é uma revelação, porque seus rostos, não sendo mais habituais para nós, trazem em estado puro os signos e os efeitos do tempo, que modificou determinados traços, alongando-os, tornando outros flácidos ou vincados. O Tempo, para tornar-se visível, "procura corpos e, onde os encontra, logo deles se apodera, a fim de exibir sobre eles sua lanterna mágica".[7] No final da *Recherche* surge um desfile de rostos no salão dos Guermantes; mas, se tivéssemos tido o necessário *[27]* aprendizado, teríamos sabido desde o início que os signos mundanos, em razão de sua vacuidade, deixavam transparecer alguma coisa de precário, ou então já se cristalizavam, se imobilizavam, para esconder sua alteração, pois a mundanidade é, a todo

---

[7] TR, RIII, p. 924.

Signo e verdade

instante, alteração, mudança. "As modas mudam, já que nasceram da necessidade de mudança."[8] No final da *Recherche*, Proust mostra a profunda modificação da sociedade, motivada não só pelo caso Dreyfus como pela guerra e, principalmente, pelo próprio Tempo. Em vez de ver nisso o fim de um "mundo", ele compreende que o mundo que havia conhecido e amado era em si mesmo alteração, mudança, signo e efeito de um Tempo perdido (até mesmo dos Guermantes nada permaneceu além do sobrenome). Proust não concebe absolutamente a mudança como uma duração bergsoniana, mas como uma defecção, uma corrida para o túmulo.

Com maior razão, os signos do amor antecipam, de certo modo, sua alteração e sua anulação; são eles que implicam o tempo perdido no estado mais puro. O envelhecimento dos frequentadores de salões não é nada comparado ao inacreditável e genial envelhecimento de Charlus, que é simplesmente uma redistribuição de suas almas múltiplas, já presentes no modo de olhar ou no tom de voz de Charlus ainda jovem. É por uma simples razão que os signos do amor e do ciúme trazem consigo a própria alteração: o amor não para de preparar seu próprio desaparecimento, de figurar sua ruptura. É *[28]* no amor como na morte. Do mesmo modo que imaginamos ainda estar vivos para ver a cara que farão aqueles que nos perderam, também imaginamos ainda estar suficientemente apaixonados para gozar a tristeza daquele que não mais amamos. É bem verdade que repetimos nossos amores passados, mas também é verdade que nosso amor atual, em toda a sua vivacidade, "ensaia" o momento da ruptura ou antecipa seu próprio fim. Esse é o sentido do que chamamos uma cena de ciúme. Encontramos essa repetição voltada para o futuro, esse ensaio do desfecho, no amor de Swann por Odette, no amor por Gilberte ou por Albertine. Diz Proust, a respeito de Saint-Loup: "Sofria de antemão, sem esquecer uma só, todas as dores de uma ruptura que em outros momentos julgava poder evitar".[9]

[8] JF, RI, p. 433.
[9] CG, RII, p. 122.

É mais espantoso que os signos sensíveis, apesar de sua plenitude, possam ser signos de alteração e de desaparecimento. Entretanto, Proust cita um caso, o da botina e da lembrança da avó, que, em princípio, não difere da *madeleine* e das pedras do calçamento, mas nos faz sentir um desaparecimento doloroso e constitui o signo de um Tempo perdido para sempre, em vez de nos dar a plenitude do Tempo que redescobrimos.[10] Inclinado sobre sua botina, ele sente algo de divino; tem, entretanto, os olhos marejados de lágrimas, pois a memória involuntária lhe traz a lembrança desesperadora da avó morta. "Não era senão naquele instante, mais de um *[29]* ano após o seu enterro, devido a esse anacronismo que tantas vezes impede o calendário dos fatos de coincidir com o dos sentimentos — que eu acabava de saber que ela estava morta... que a havia perdido para sempre." Por que a lembrança involuntária, em vez de uma imagem da eternidade, nos traz o sentimento agudo da morte? Não basta invocar o caráter particular do exemplo em que ressurge um ser amado, nem a culpa que o herói sente em relação à avó. É no próprio signo sensível que devemos encontrar uma ambivalência capaz de explicar por que às vezes ele se transforma em dor em vez de prolongar-se em alegria.

A botina, tanto quanto a *madeleine*, provoca a intervenção da memória involuntária: uma sensação antiga tenta se superpor, se acoplar à sensação atual, e a estende sobre várias épocas ao mesmo tempo. Basta, entretanto, que a sensação atual oponha à antiga sua "materialidade" para que a alegria dessa superposição dê lugar a um sentimento de fuga, de perda irreparável, em que a sensação antiga é repelida para a profundidade do tempo perdido. O fato de o herói sentir-se culpado dá apenas à sensação atual o poder de evitar que ela seja absorvida pela sensação antiga. Ele começa sentindo a mesma felicidade que no caso da *madeleine*, mas logo a felicidade é substituída pela certeza da morte e do nada. Há uma ambivalência que sempre permanece como uma possibilidade da Memória em todos os signos em que ela intervém (daí a inferioridade desses signos). É que a própria Memória implica "a es-

---

[10] SG, RII, pp. 755-60.

tranha contradição entre a sobrevivência e o nada", "a dolorosa síntese da *[30]* sobrevivência e do nada".[11] Mesmo na *madeleine* ou nas pedras o nada desponta, dessa vez encoberto pela superposição das duas sensações.

Ainda de outra maneira os signos mundanos, principalmente os signos mundanos, mas também os signos do amor e até mesmo os signos sensíveis, são signos de um tempo "perdido": são os signos de um tempo *que se perde*. Pois não é sensato frequentar a sociedade, apaixonar-se por mulheres medíocres, nem mesmo despender tantos esforços de imaginação diante de um espinheiro, quando melhor seria conviver com pessoas profundas, e, sobretudo, trabalhar. O herói da *Recherche* expressa muitas vezes sua decepção, e a de seus pais, diante de sua impotência para trabalhar, para realizar a obra literária que ele anuncia.[12]

A revelação final de que há verdades a serem descobertas nesse tempo que se perde é um resultado essencial do aprendizado. Um trabalho empreendido pelo esforço da vontade não é nada; em literatura ele só nos pode levar às verdades da inteligência, às quais falta a marca da necessidade, e das quais se tem sempre a impressão de que elas "teriam podido" ser outras e ditas de forma diferente. Do mesmo modo, o que diz um homem profundo e inteligente vale por seu conteúdo manifesto, por sua significação explícita, objetiva e elaborada; tiraremos pouca coisa disso, apenas possibilidades abstratas, se não soubermos chegar a outras verdades por meio de outras vias, que são precisamente *[31]* as do signo. Ora, um ser medíocre ou mesmo estúpido, desde que o amemos, é mais rico em signos do que o espírito mais profundo, mais inteligente. Tanto mais uma mulher é incapaz, limitada, mais ela compensa por meio de signos — que às vezes a traem e denunciam uma mentira — sua incapacidade de formular julgamentos inteli-

[11] SG, RII, pp. 759-60.
[12] JF, RI, pp. 579-81.

gentes ou de ter um pensamento coerente. Proust diz dos intelectuais: "A mulher medíocre, que nos espantávamos de ver preferida por eles, enriquece-lhes bem mais o universo do que teria feito uma mulher inteligente".[13] Existe uma embriaguez provocada pelas matérias e naturezas rudimentares por serem ricas em signos. Com a mulher amada medíocre nós voltamos às origens da humanidade, isto é, ao tempo em que os signos sobrepujavam o conteúdo explícito, e os hieróglifos, as letras: essa mulher não nos "comunica" nada, mas não deixa de produzir signos que devem ser decifrados.

Por isso, quando pensamos que perdemos nosso tempo, seja por esnobismo, seja por dissipação amorosa, estamos muitas vezes trilhando um aprendizado obscuro, até a revelação final de uma verdade desse tempo que se perde. Nunca se sabe como uma pessoa aprende; mas, de qualquer forma que aprenda, é sempre por intermédio de signos, perdendo tempo, e não pela assimilação de conteúdos objetivos. Quem sabe como um estudante pode tornar-se repentinamente "bom em latim", que signos (amorosos ou até mesmo inconfessáveis) lhe serviriam de aprendizado? Nunca aprendemos alguma coisa nos dicionários que nossos professores e nossos pais nos [32] emprestam. O signo implica em si a heterogeneidade como relação. Nunca se aprende fazendo *como* alguém, mas fazendo *com* alguém, que não tem relação de semelhança com o que se aprende. Quem sabe como se tornar um grande escritor? Diz Proust, a propósito de Octave: "Não me impressionei menos ao refletir que talvez as obras-primas mais extraordinárias de nossa época tenham saído, não da congregação geral, de uma educação modelar e acadêmica, no estilo de Broglie, mas da frequentação das 'pesagens' e dos grandes bares".[14]

Mas perder tempo não é o suficiente. Como vamos extrair as verdades do tempo que se perde, e até mesmo as verdades do tempo perdido? Por que Proust chama essas verdades de "verdades da inteligência"? Na realidade, elas se opõem às verdades que a inte-

[13] AD, RIII, p. 616.
[14] AD, RIII, p. 607.

ligência descobre quando trabalha de boa vontade, põe-se em ação e recusa-se a perder tempo. Vimos, desse ponto de vista, a limitação das verdades propriamente intelectuais: falta-lhes "necessidade". Mas em arte ou em literatura, quando a inteligência intervém, é sempre *depois*, nunca antes: "A impressão é para o escritor o mesmo que a experimentação é para o cientista, com a diferença de ser neste anterior e naquele posterior o trabalho da inteligência".[15] Antes de tudo, é preciso sentir o efeito violento de um signo, e que o pensamento seja como que forçado a procurar o sentido do signo. Em Proust, o pensamento geralmente aparece sob várias formas: memória, desejo, imaginação, inteligência, faculdade das *[33]* essências... Mas, no caso do tempo que se perde e do tempo perdido, é a inteligência, e apenas ela, que é capaz de tornar possível o esforço do pensamento, ou de interpretar o signo; é ela que o encontra, contanto que venha "depois". Dentre todas as formas do pensamento, só a inteligência extrai as verdades dessa ordem.

Os signos mundanos são frívolos, os do amor e do ciúme, dolorosos; mas quem procuraria a verdade se não tivesse aprendido que um gesto, uma intonação, uma saudação devem ser interpretados? Quem procuraria a verdade se não tivesse inicialmente experimentado o sofrimento que causa a mentira do ser amado? As ideias da inteligência são muitas vezes "sucedâneos" do desgosto.[16] A dor força a inteligência a pesquisar, como certos prazeres insólitos põem a memória em funcionamento. Cabe à inteligência compreender, e nos fazer compreender, que os signos mais frívolos da mundanidade remetem a leis e que os signos dolorosos do amor remetem a repetições. Assim, aprendemos a nos servir dos seres: frívolos ou cruéis, eles "posaram diante de nós", eles nada mais são do que a encarnação de temas que os ultrapassam, ou pedaços de uma divindade que nada mais pode contra nós. A descoberta das leis mundanas dá um sentido a signos que permaneceriam insignificantes tomados isoladamente; mas, sobretudo, a compreen-

[15] TR, RIII, p. 880.
[16] TR, RIII, p. 906.

são de nossas repetições amorosas transforma em alegria cada um desses signos que, tomados isoladamente, tanto sofrimento nos causaria. "Pois nem ao ser que [34] mais amamos somos tão fiéis como a nós mesmos, e cedo ou tarde nós o esquecemos, a fim de poder, visto ser esse um de nossos traços de caráter, continuar a amar."[17] Um a um os seres que amamos nos fizeram sofrer; mas a cadeia interrompida que eles formam é um alegre espetáculo da inteligência. Graças à inteligência, descobrimos então o que não podíamos saber no início: que, quando pensávamos perder tempo, já fazíamos o aprendizado dos signos. Nós nos apercebemos de que nossa vida preguiçosa se identificava com nossa obra: "toda minha vida... uma vocação".[18]

Tempo que se perde, tempo perdido, mas também tempo que se redescobre e tempo redescoberto. A cada tipo de signo corresponde, sem dúvida, uma linha de tempo privilegiada. Os signos mundanos implicam principalmente um tempo que se perde; os signos do amor envolvem particularmente o tempo perdido. Os signos sensíveis muitas vezes nos fazem redescobrir o tempo, restituindo-o no âmago do tempo perdido. Finalmente, os signos da arte nos dão um tempo redescoberto, tempo original absoluto que compreende todos os outros. Mas, se cada signo tem uma dimensão temporal privilegiada, cada um também se cruza com as outras linhas e participa das outras dimensões do tempo. O tempo que se perde prolonga-se no amor e até mesmo nos signos sensíveis; o tempo perdido já aparece [35] na mundanidade e subsiste ainda nos signos da sensibilidade. O tempo que se redescobre reage, por sua vez, sobre o tempo que se perde e sobre o tempo perdido. É no tempo absoluto da obra de arte que todas as outras dimensões se unem e encontram a verdade que lhes corresponde. Os mundos de signos, os círculos da *Recherche*, se desdobram, então, segundo linhas de tempo, verdadeiras *linhas de aprendizado*; mas, nessas

[17] TR, RIII, p. 908.
[18] TR, RIII, p. 899.

linhas, eles interferem uns sobre os outros, reagem uns sobre os outros. Assim, os signos não se desenvolvem, não se explicam pelas linhas do tempo sem se corresponderem ou simbolizarem, sem se entremearem, sem entrarem em combinações complexas que constituem o sistema da verdade.

Capítulo III
O APRENDIZADO
[36]

A obra de Proust não é voltada para o passado e as descobertas da memória, mas para o futuro e os progressos do aprendizado. O importante é que o herói não sabia certas coisas no início, progressivamente as aprende e enfim tem uma última revelação. Inevitavelmente, portanto, ele passa por decepções: "acreditava", tinha ilusões; o mundo vacila na corrente do aprendizado. Mas ainda estamos dando ao desenvolvimento da *Recherche* um caráter linear. De fato, uma revelação parcial aparece em determinado campo de signos, mas é acompanhada às vezes de regressões em outros campos, mergulha numa decepção mais geral, pronta a reaparecer em outros lugares, sempre frágil enquanto a revelação da arte ainda não sistematizou o conjunto. E, a cada instante, também pode acontecer que uma decepção particular faça surgir a preguiça e comprometa o todo. Daí a ideia fundamental de que o tempo forma diversas séries e comporta mais dimensões do que o espaço: o que é ganho em uma não é ganho na outra. A *Recherche* é ritmada não apenas pelas contribuições ou *[37]* sedimentos da memória, mas por séries de decepções descontínuas e pelos meios utilizados para superá-las em cada série.

Ser sensível aos signos, considerar o mundo como coisa a ser decifrada é, sem dúvida, um dom. Mas esse dom correria o risco de permanecer oculto em nós mesmos se não tivéssemos os encontros necessários; e esses encontros ficariam sem efeito se não conseguíssemos vencer certas crenças preestabelecidas. A primeira dessas crenças é atribuir ao objeto os signos de que é portador. Tudo nos leva a isso: a percepção, a paixão, a inteligência, o hábito e até mesmo o amor-próprio.[1] Pensamos que o próprio "objeto" traz o segredo do signo que emite e sobre ele nos fixamos, dele nos ocupamos para decifrar o signo. Por comodismo, chamemos *objetivismo* essa tendência que nos é natural ou pelo menos habitual.

Pois cada uma de nossas impressões tem dois lados: "Envolvida em parte no objeto, prolongada em nós mesmos na outra, que somente nós poderíamos conhecer".[2] Cada signo tem duas metades: *designa* um objeto e *significa* alguma coisa diferente. O lado objetivo é o lado do prazer, do gozo imediato e da prática: enveredando por esse caminho, já sacrificamos o lado da "verdade". Reconhecemos as coisas sem jamais as conhecermos. *[38]* Confundimos o significado do signo com o ser ou o objeto que ele designa. Passamos ao largo dos mais belos encontros, nos esquivando dos imperativos que deles emanam: ao aprofundamento dos encontros, preferimos a facilidade das recognições, e assim que experimentamos o prazer de uma impressão, como o esplendor de um signo, só sabemos dizer "puxa vida, puxa vida", o que vem a dar no mesmo que "bravo! bravo!", expressões que manifestam nossa homenagem ao objeto.[3]

Tomado por um estranho sabor, o herói se inclina sobre a xícara de chá, bebe um segundo e um terceiro gole, como se o próprio objeto fosse revelar-lhe o segredo do signo. Tocado por um nome de lugar, por um nome de pessoa, ele sonha com os seres e os lugares que esses nomes designam. Antes de conhecê-la, a Sra. de Guermantes lhe parece prestigiosa, porque deve possuir, acredita ele, o segredo de seu nome. Ele a representa "banhada, como em um poente, na luz alaranjada que emana desta última sílaba — antes".[4] E quando ele a vê: "Eu me dizia que era ela que *designava* para todo o mundo o nome de Duquesa de Guermantes; a vida inconcebível que este nome *significava*, este corpo a continha".[5]

[1] TR, RIII, p. 896.

[2] TR, RIII, p. 891.

[3] CS, RI, pp. 155-6; TR, RIII, p. 892.

[4] CS, RI, p. 171.

[5] CG, RII, p. 205.

O mundo lhe parece misterioso antes de frequentá-lo: ele acredita que os que emitem signos são também os que os compreendem e deles detêm o código. Em seus primeiros amores, ele faz o "objeto" se beneficiar *[39]* de tudo o que ele próprio sente: o que lhe parece único em uma pessoa lhe parece também pertencer a essa pessoa. Tanto que os primeiros amores são orientados para a confissão, que é justamente a forma amorosa de homenagem ao objeto (dar ao amado o que se acredita lhe pertencer). "Na época em que eu amava Gilberte, julgava ainda que o Amor existia realmente fora de nós...; parecia-me que, se eu tivesse substituído a doçura da confissão pela simulação da indiferença, me teria privado de uma das alegrias com que mais sonhara e também fabricado, a meu modo, um amor artificial e sem valor."[6] Finalmente, a própria arte parece ter seu segredo nos objetos a descrever, nas coisas a designar, nos personagens ou nos lugares a observar; e se o herói muitas vezes duvida de suas capacidades artísticas é porque se sente impotente para observar, para escutar e para ver.

O "objetivismo" não poupa nenhum tipo de signo. Ele não resulta de uma única tendência, mas reúne um complexo de tendências. Relacionar um signo ao objeto que o emite, atribuir ao objeto o benefício do signo, é de início a direção natural da percepção ou da representação. Mas é também a direção da memória voluntária, que se lembra das coisas e não dos signos. É, ainda, a direção do prazer e da atividade prática, que se baseiam na posse das coisas ou no consumo dos objetos. E, de outra forma, é a tendência da inteligência. *A inteligência gosta da objetividade, como a percepção do objeto.* Sonha com *[40]* conteúdos objetivos, significações objetivas explícitas, que ela própria seria capaz de descobrir, de receber ou de comunicar. É, pois, tão objetivista quanto a percepção. Ao mesmo tempo que a percepção se dedica a apreender o objeto sensível, a inteligência se dedica a apreender as significações objetivas. Pois a percepção acredita que a realidade deva ser *vista, observada*, mas a inteligência acredita que a verdade deva ser *dita* e *formulada*. O que o herói da *Recherche* não sabe no início da aprendizagem? Não sabe "que a verdade não tem neces-

[6] CS, RI, p. 401.

O aprendizado

sidade de ser dita para ser manifestada, e que podemos talvez colhê-la mais seguramente sem esperar pelas palavras e até mesmo sem levá-las em conta, em mil signos exteriores, até mesmo em certos fenômenos invisíveis, análogos no mundo dos caracteres ao que são, na natureza física, as mudanças atmosféricas".[7]

Diversos são também os empreendimentos, as coisas e os valores, aos quais tende a inteligência. Ela nos leva à *conversação*, em que trocamos e comunicamos ideias; ela nos incita à *amizade*, fundada na comunidade das ideias e dos sentimentos; ela nos convida ao *trabalho*, pelo qual chegaremos a descobrir novas verdades comunicáveis; ela nos instiga à *filosofia*, isto é, a um exercício voluntário e premeditado do pensamento pelo qual chegaremos a determinar a ordem e o conteúdo das significações objetivas. Devemos reter este *[41]* ponto essencial: a amizade e a filosofia são passíveis da mesma crítica. Segundo Proust, os amigos são como espíritos de boa vontade que estão explicitamente de acordo sobre a significação das coisas, das palavras e das ideias; mas o filósofo também é um pensador que pressupõe em si mesmo a boa vontade de pensar, que atribui ao pensamento o amor natural do verdadeiro e à verdade a determinação explícita daquilo que é naturalmente pensado. Por esta razão, ao duo tradicional da amizade e da filosofia Proust oporá um duo mais obscuro formado pelo amor e a arte. Um amor medíocre vale mais do que uma grande amizade: porque o amor é rico em signos e se nutre de interpretação silenciosa. Uma obra de arte vale mais do que uma obra filosófica, porque o que está envolvido no signo é mais profundo que todas as significações explícitas; o que nos violenta é mais rico do que todos os frutos de nossa boa vontade ou de nosso trabalho aplicado; e mais importante do que o pensamento é "aquilo que faz pensar".[8] Sob todas as formas, a inteligência só alcança por si própria, e só nos faz atingir, as verdades abstratas e convencionais, que só têm um valor *possível*. De que valem essas verdades objetivas que resultam de uma combinação do trabalho, da inteligência e da boa

[7] CG, RII, p. 66: "Mas Françoise foi quem primeiro me deu o exemplo (que só mais tarde eu deveria compreender...)".

[8] CG, RII, p. 549.

vontade, mas que se comunicam tanto quanto são encontradas, e são encontradas tanto quanto poderiam ser recebidas? Sobre uma entonação da Berma, Proust disse: "É por causa de sua própria clareza que ela não (me) contentava. A entonação era engenhosa, de uma intenção, *[42]* de um sentido tão definidos, que parecia ter existência própria e que qualquer artista inteligente a poderia adquirir".[9]

No início, o herói da *Recherche* participa, mais ou menos, de todas as crenças objetivistas. Mas que ele participe menos da ilusão em determinado campo de signos, ou que dela se desfaça rapidamente em determinado nível, isso não impede que a ilusão permaneça em outro nível, em outro campo. Assim, não parece que o herói tenha tido algum dia um grande sentido da amizade: esta sempre lhe pareceu secundária e o amigo valer mais pelo espetáculo que dá do que por uma comunhão de ideias ou de sentimentos que nos inspiraria. Os "homens superiores" nada lhe ensinam; o próprio Bergotte ou Elstir não lhe podem comunicar nenhuma verdade que lhe dispense de fazer seu aprendizado pessoal e passar pelos signos e pelas decepções para os quais ele se inclina. Rapidamente pressente que um espírito superior ou até mesmo um grande amigo não valem um amor, mesmo passageiro. Entretanto, no amor lhe é muito mais difícil se desfazer da ilusão objetivista correspondente: é o amor coletivo pelas jovens em Balbec, é a lenta individualização de Albertine, são os acasos da escolha que lhe ensinam que as razões de amar nunca se encontram naquele que se ama, mas remetem a fantasmas, a Terceiros, a Temas que nele se encarnam por leis complexas. Ao mesmo tempo, ele aprende que a confissão não é o essencial do amor e que não é necessário, nem desejável, confessar: estaremos perdidos, toda a nossa liberdade estará perdida, se *[43]* enriquecermos o objeto com signos e com significações que o ultrapassam. "Desde o tempo das brincadeiras nos Champs-Elysées, se as criaturas a que se prendia sucessivamente meu amor permaneciam quase idênticas, tornara-se diferente a minha concepção do amor. Por um lado, a confissão, a declaração de minha ternura àquela que eu amava não mais me

[9] JF, RI, p. 567.

parecia uma das cenas necessárias e capitais do amor, nem este uma realidade exterior..."[10]

Como é difícil, em qualquer campo, renunciar a essa crença em uma realidade exterior! Os signos sensíveis nos preparam uma armadilha e nos induzem a procurar seu sentido no objeto que os contém ou os emite, de tal maneira que a possibilidade de um fracasso, a renúncia da interpretação, é como o cupim na madeira. Até mesmo quando vencemos as ilusões objetivistas na maior parte dos campos, elas subsistem ainda na Arte, em que continuamos a crer que é preciso saber escutar, olhar, descrever, dirigir-se ao objeto, decompondo-o e triturando-o para dele extrair uma verdade.

O herói da *Recherche*, entretanto, conhece muito bem os defeitos de uma literatura objetivista e insiste, muitas vezes, em sua impotência para observar, para descrever. São célebres os ódios de Proust: contra Sainte-Beuve, para quem a descoberta da verdade não se separa de uma "conversa", de um método de conversação, pelo qual se pretende extrair uma verdade dos dados mais arbitrários, a começar pelas confidências daqueles que pretendem ter conhecido bem alguém; contra os Goncourt, que decompõem um *[44]* personagem ou um objeto, o examinam, analisam sua arquitetura, retraçam suas linhas e projeções para delas tirar verdades exóticas (os Goncourt também acreditavam no prestígio da conversação); contra a arte realista ou popular que acredita nos valores inteligíveis, nas significações bem definidas e nos grandes temas. É preciso julgar os métodos pelos seus resultados: por exemplo, as coisas lastimáveis que Sainte-Beuve escreveu sobre Balzac, Stendhal ou Baudelaire. *O que podem os Goncourt entender do casal Verdurin ou de Cottard?* Nada, se nos ativermos ao pastiche da *Recherche*. Eles relatam e analisam o que é *expressamente* dito, mas passam ao largo dos signos mais evidentes, signo da burrice de Cottard, mímicas e símbolos grotescos da Sra. Verdurin. A arte popular e proletária se caracteriza por considerar os operários uns imbecis. É decepcionante, por natureza, uma literatura que interpreta os signos relacionando-os com objetos designáveis (observação e descrição), que se cerca de garantias pseudo-objetivas do

[10] JF, RI, p. 925.

testemunho e da comunicação (conversa, pesquisa), que confunde o sentido com significações inteligíveis, explícitas e formuladas (grandes temas).[11]
O herói da *Recherche* sempre se sentiu estranho *[45]* a essa concepção da arte e da literatura. Por que, então, experimenta uma decepção tão forte cada vez que verifica sua inanidade? É que pelo menos a arte encontrava nessa concepção uma destinação precisa: ela abraçava a vida para exaltá-la, para dela extrair o valor e a verdade. E quando protestamos contra uma arte de observação e de descrição, quem diz que não é nossa incapacidade de observar, de descrever, que alimenta esse protesto? Nossa incapacidade de compreender a vida? Acreditamos reagir a uma forma ilusória de arte, mas estamos talvez reagindo a uma fraqueza de nossa natureza, a uma falta de querer viver. Tanto que nossa decepção não é simplesmente a que é provocada pela literatura objetiva, mas também a que é suscitada pela incapacidade de nos realizarmos nessa forma de literatura.[12] Apesar de sua repugnância, o herói da *Recherche* não pode, entretanto, deixar de sonhar com os dons de observação que lhe poderiam suprir as intermitências da inspiração. "Mas ao me dar a consolação de uma observação humana possível, que vem substituir uma inspiração impossível, eu sabia que procurava apenas me dar uma consolação..."[13] A decepção com a literatura é portanto inseparavelmente dupla: "A literatura não podia mais me dar nenhuma alegria, *seja* por culpa minha, por minha incapacidade, *seja* por culpa dela, se ela era de fato menos carregada de realidade do que eu pensara".[14] *[46]*

---

[11] TR, RIII, pp. 888-906. Devemos evitar de pensar que a crítica proustiana do objetivismo possa se aplicar ao que chamamos hoje *nouveau roman*. Os métodos de descrição do objeto, no *nouveau roman*, só têm sentido em relação com as modificações subjetivas que eles servem para revelar e que sem eles permaneceriam imperceptíveis. O *nouveau roman* permanece sob o signo dos hieróglifos e das verdades implicadas.

[12] TR, RIII, pp. 720-3.

[13] TR, RIII, p. 855.

[14] TR, RIII, p. 862.

O aprendizado

A decepção é um momento fundamental da busca ou do aprendizado: em cada campo de signos ficamos decepcionados quando o objeto não nos revela o segredo que esperávamos. E a decepção é pluralista, variável segundo cada linha. Poucas são as coisas não decepcionantes à primeira vez que as vemos, porque a primeira vez é a vez da inexperiência, ainda não somos capazes de distinguir o signo e o objeto: o objeto se interpõe e confunde os signos. Decepção na primeira audição de Vinteuil, no primeiro encontro com Bergotte, na primeira visão da igreja de Balbec. E não basta voltar às coisas uma segunda vez, porque a memória voluntária e esse próprio retorno apresentam inconvenientes análogos aos que nos impediam, na primeira vez, de experimentar livremente os signos (a segunda estada em Balbec não foi menos decepcionante que a primeira, sob outros aspectos).

Como, em cada caso, remediar a decepção? Em cada linha de aprendizado, o herói passa por uma experiência análoga, em momentos diversos: *ele se esforça para encontrar uma compensação subjetiva à decepção com o objeto*. Quando vê, e mais tarde vem a conhecer, a Sra. de Guermantes, ele se dá conta de que ela não contém o segredo do sentido de seu sobrenome. Seu rosto e seu corpo não são coloridos pela tinta das sílabas. Que fazer senão compensar a decepção? Tornar-se pessoalmente sensível a signos menos profundos, porém mais apropriados ao charme da duquesa, graças ao jogo de associações de ideias que ela suscita em nós. "Que a Sra. de Guermantes fosse igual aos outros, isso tinha sido antes de tudo uma [47] decepção para mim, por reação, e com a ajuda de bons vinhos, era quase um deslumbramento."[15]

O mecanismo da decepção objetiva e da compensação subjetiva é particularmente analisado no exemplo do teatro. O herói deseja, com todas as forças, ouvir a Berma. Mas, quando consegue, procura antes de tudo reconhecer o seu talento, delineá-lo, isolá-lo para poder, enfim, designá-la. É a Berma, "finalmente eu ouço a Berma". Ele percebe uma entonação particularmente inteligente, de admirável justeza. De repente, é Fedra, é Fedra em pessoa. Entretanto, nada impede a decepção, pois essa entonação tem

[15] CG, RII, p. 524.

apenas valor inteligível, um sentido perfeitamente definido; ela é somente o fruto da inteligência e do trabalho.[16] Talvez fosse necessário ouvi-la de outro modo. Os signos que não soubemos apreciar nem interpretar enquanto os relacionávamos à pessoa da Berma, talvez devêssemos procurar seu sentido em outro lugar: nas associações que não estão nem em Fedra, nem na Berma. Por isso Bergotte explica ao herói que determinado gesto da Berma evoca o de uma estatueta antiga que a atriz nunca viu e na qual, certamente, Racine nunca pensou.[17]

Cada linha de aprendizado passa por esses dois momentos: a decepção provocada por uma tentativa de interpretação objetiva e a tentativa de remediar essa decepção por uma interpretação subjetiva, *[48]* em que reconstruímos conjuntos associativos. Isso acontece tanto no amor quanto na arte. É fácil compreender a razão. O signo é sem dúvida mais profundo que o objeto que o emite, mas ainda se liga a esse objeto, ainda está semiencoberto. E o sentido do signo é sem dúvida mais profundo do que o sujeito que o interpreta, mas se liga a esse sujeito, se encarna pela metade em uma série de associações subjetivas. Passamos de um ao outro, saltamos de um para o outro, preenchemos a decepção do objeto com uma compensação do sujeito.

Somos, então, capazes de pressentir que o momento da compensação continua sendo insuficiente e não nos dá uma revelação definitiva. Substituímos por um jogo subjetivo de associação de ideias os valores objetivos inteligíveis. A insuficiência dessa compensação aparece melhor quanto mais subimos na escala dos signos. Um gesto da Berma seria belo porque evocaria o de uma estatueta, como a música de Vinteuil seria bela porque nos evocaria um passeio no Bois de Boulogne.[18] Tudo é permitido no exercício das associações e, desse ponto de vista, não encontramos diferença de natureza entre o prazer da arte e o da *madeleine*: sempre o cortejo das contiguidades passadas. Mesmo a experiência da *ma-*

[16] JF, RI, p. 567.
[17] JF, RI, p. 560.
[18] JF, RI, p. 533.

deleine não se reduz, na verdade, a simples associação de ideias; mas não estamos ainda prontos para entender o porquê; e ao reduzir a qualidade de uma obra de arte ao sabor da *madeleine* nos privamos para sempre do meio *[49]* de entendê-la. Em vez de nos levar a uma justa interpretação da arte, a compensação subjetiva acaba por fazer da própria obra de arte um simples elo na cadeia de nossas associações de ideias: como a mania de Swann, que nunca tinha apreciado tanto Giotto ou Botticelli quanto quando descobre seus estilos no traçado do rosto de uma cozinheira ou de uma mulher amada. Ou, então, construímos um museu particular onde o sabor de uma *madeleine*, a qualidade de uma corrente de ar valem mais do que qualquer beleza: "Ficava frio diante das belezas que me mostravam e exaltava-me com reminiscências confusas... detinha-me com êxtase a respirar o cheiro de um vento que passava pela porta. 'Vejo que você gosta das correntes de ar' — disseram eles".[19]

Entretanto, o que existe além do objeto e do sujeito? O exemplo da Berma nos dá a resposta. O herói da *Recherche* compreenderá finalmente que nem a Berma nem Fedra são pessoas designáveis, nem tampouco elementos de associação. Fedra é um *papel* a ser representado e a Berma se integra nesse papel. Não no sentido em que o papel seja ainda um objeto, ou algo subjetivo; ao contrário, é um mundo, um meio espiritual povoado de essências. A Berma, portadora de signos, torna-os de tal modo imateriais que eles se abrem inteiramente para essas essências e são a tal ponto preenchidos por elas que, mesmo através de um papel medíocre, seus gestos *[50]* ainda nos revelam um mundo de essências possíveis.[20]

Além dos objetos designados, além das verdades inteligíveis e formuladas, além das cadeias de associação subjetivas e de ressurreições por semelhança ou contiguidade, há as essências, que são alógicas ou supralógicas. Elas ultrapassam tanto os estados da

---

[19] SG, RII, p. 944.
[20] CG, RII, pp. 47-51.

subjetividade quanto as propriedades do objeto. É a essência que constitui a verdadeira unidade do signo e do sentido; é ela que constitui o signo como irredutível ao objeto que o emite; é ela que constitui o sentido como irredutível ao sujeito que o apreende. Ela é a última palavra do aprendizado ou a revelação final. Ora, mais do que pela Berma, é pela obra de arte, pela pintura e pela música, e sobretudo pelo problema da literatura, que o herói da *Recherche* chega à revelação das essências. Os signos mundanos, os signos amorosos e até mesmo os signos sensíveis são incapazes de nos revelar a essência; eles nos aproximam dela, mas nós sempre caímos na armadilha do objeto, nas malhas da subjetividade. É apenas no nível da arte que as essências são reveladas. Mas, *uma vez* manifestadas na obra de arte, elas reagem sobre todos os outros campos: aprendemos que elas *já* se haviam encarnado, já estavam em todas as espécies de signos, em todos os tipos de aprendizado.

Capítulo IV
OS SIGNOS DA ARTE E A ESSÊNCIA
[51]

Qual é a superioridade dos signos da Arte com relação a todos os outros? É que todos os outros são signos materiais. São materiais, em primeiro lugar, por causa de sua emissão: eles surgem parcialmente encobertos no objeto que os porta. As qualidades sensíveis, os rostos amados, são ainda matéria. (Não é por acaso que as qualidades sensíveis significativas são principalmente os odores e os sabores — dentre todas as qualidades, as mais materiais — e que, no rosto amado, são as faces e a textura da pele que mais nos atraem.) *Os signos da arte são os únicos imateriais.* É óbvio que a pequena frase de Vinteuil brota do piano e do violino, podendo, logicamente, ser decomposta materialmente: cinco notas muito unidas, e duas que se repetem. Como em Platão, em que 3 + 2 nada explica. O piano aparece apenas como a imagem espacial de um teclado de natureza diferente, as notas surgindo como a "aparência sonora" de uma entidade espiritual. "Como se os instrumentistas tocassem muito menos a pequena frase do que executassem os ritos exigidos por ela *[52]* para aparecer..."[1] A esse respeito, a própria impressão da pequena frase musical é *sine materia*.[2]

A Berma, por sua vez, serve-se de sua voz, de seus braços, mas os gestos, em vez de testemunharem "conexidades musculares", constituem um corpo transparente que refrata uma essência, uma Ideia. As atrizes medíocres têm necessidade de chorar para indicar que seu papel implica dor: "Excedente de lágrimas que se via correr, porque não tinham podido embeber-se na voz de mármore de

[1] CS, RI, p. 347.
[2] CS, RI, p. 209.

Arícia ou de Ismênia". Mas todas as expressões da Berma, como num grande violinista, tornaram-se qualidades de timbre. Em sua voz "já não subsistia um só dejeto de matéria inerte e refratária ao espírito".[3]

Os outros signos são materiais, não apenas por sua origem e pela maneira como permanecem semiencobertos no objeto, mas também por seu desenvolvimento ou sua "explicação". A *madeleine* nos remete a Combray, as pedras, a Veneza... Sem dúvida, as duas impressões, a presente e a passada, têm uma mesma qualidade; mas não deixam de ser materialmente duas. De tal modo que, a cada vez que a memória intervém, a explicação dos signos comporta ainda alguma coisa de material.[4] Os campanários de Martinville, na ordem dos signos sensíveis, são um exemplo menos "material" porque apelam para o desejo e a imaginação e não para a memória.[5] Contudo, a impressão dos campanários se explica [53] pela imagem de três jovens; mas por serem filhas de nossa imaginação elas não deixam de ser materialmente diferentes dos campanários.

Proust se refere muitas vezes à necessidade que pesa sobre ele: sempre alguma coisa lhe lembra ou lhe faz imaginar outra. Mas, qualquer que seja a importância desse processo de analogia na arte, ele não é sua fórmula mais profunda. Enquanto descobrirmos o sentido de um signo em outra coisa, ainda subsistirá um pouco de matéria, rebelde ao espírito. Ao contrário, a Arte nos dá a verdadeira unidade: unidade de um signo imaterial e de um sentido inteiramente espiritual. A Essência é exatamente essa unidade do signo e do sentido, tal como é revelada na obra de arte. Essências ou Ideias são o que revela cada signo da pequena frase de Vinteuil;[6] é o que dá à frase sua existência real, independentemente dos instrumentos e dos sons que a reproduzem ou a encarnam mais do que a compõem. Nisto consiste a superioridade da arte sobre a vi-

[3] CG, RII, p. 48.

[4] P, RIII, p. 375.

[5] P, RIII, p. 375.

[6] CS, RI, p. 349.

da: todos os signos que encontramos na vida ainda são signos materiais e seu sentido, estando sempre em outra coisa, não é inteiramente espiritual.

O que é uma essência, tal como é revelada na obra de arte? É uma diferença, a Diferença última e absoluta. É ela que constitui o ser, que nos faz concebê-lo. Porque só a arte, no que diz respeito à manifestação das essências, é capaz de nos dar o que procurávamos em vão *[54]* na vida: "A diversidade que em vão procurara na vida, nas viagens...".[7] "O mundo das diferenças não existindo na superfície da Terra entre todos os países que nossa percepção uniformiza, com mais forte razão ele não existe no *mundo*. Existirá, aliás, em algum lugar? O septeto de Vinteuil parecera me dizer que sim."[8]

Mas o que é uma diferença última absoluta? Não é uma diferença empírica, sempre extrínseca, entre duas coisas ou dois objetos. Proust nos dá uma primeira aproximação da essência quando diz que ela é alguma coisa em um sujeito, como a presença de uma qualidade última no âmago de um sujeito: diferença interna, "*diferença qualitativa* que existe na maneira como nos aparece o mundo, diferença que, sem a arte, permaneceria o eterno segredo de cada um de nós".[9] Quanto a isso, Proust é leibniziano: as essências são verdadeiras mônadas, cada uma se definindo pelo ponto de vista pelo qual exprime o mundo, cada ponto de vista remetendo a uma qualidade última no fundo da mônada. Como diz Leibniz, elas não têm portas nem janelas: o ponto de vista sendo a própria diferença, pontos de vista sobre um mundo supostamente o mesmo são tão diferentes quanto os mundos mais distantes. Por essa razão a amizade só estabelece falsas comunicações, fundadas sobre mal-entendidos, e só abre falsas janelas. Por essa razão o amor, mais lúcido, renuncia por princípio a toda comuni-

[7] P, RIII, p. 159.
[8] P, RIII, p. 277.
[9] TR, RIII, p. 895.

cação. *[55]* Nossas únicas janelas, nossas únicas portas são espirituais: só há intersubjetividade artística. Somente a arte nos dá o que esperaríamos em vão de um amigo, o que teríamos esperado em vão de um ser amado. "Só pela arte podemos sair de nós, saber o que outra pessoa vê desse universo que não é o mesmo que o nosso, cujas paisagens nos teriam permanecido tão desconhecidas quanto as que podem existir na Lua. Graças à arte, em vez de contemplar um só mundo, o nosso, nós o vemos se multiplicar, e dispomos de tantos mundos quantos artistas originais existem, mais diferentes uns dos outros do que os que giram no infinito..."[10]

Deve-se concluir que a essência é subjetiva e que a diferença é mais entre sujeitos do que entre objetos? Isso seria desprezar os textos em que Proust trata as essências como Ideias platônicas e lhes confere uma realidade independente. Até mesmo Vinteuil "revelou a frase musical" muito mais do que a criou.[11]

Cada sujeito exprime o mundo de um certo ponto de vista. Mas o ponto de vista é a própria diferença, a diferença interna absoluta. Cada sujeito exprime, portanto, um mundo absolutamente diferente. E, sem dúvida, o mundo expresso não existe fora do sujeito que o exprime (o que chamamos de mundo exterior é apenas a projeção decepcionante, o limite uniformizante de todos esses mundos expressos). Mas o mundo expresso não se confunde com o sujeito: dele se distingue exatamente como a essência se distingue da existência e inclusive de sua *[56]* própria existência. Ele não existe fora do sujeito que o exprime, mas é expresso como a essência, não do próprio sujeito, mas do Ser, ou da região do Ser que se revela ao sujeito. Razão pela qual cada essência é uma pátria, um país;[12] ela não se reduz a um estado psicológico, nem a uma subjetividade psicológica, nem mesmo a uma forma qualquer de subjetividade superior. A essência é a qualidade última no âmago do sujeito, mas essa qualidade é mais profunda do que o sujeito, é de outra ordem: "Qualidade desconhecida de um mundo

[10] TR, RIII, pp. 895-6.
[11] CS, RI, pp. 349-55.
[12] P, RIII, p. 257.

único".[13] Não é o sujeito que explica a essência, é, antes, a essência que se implica, se envolve, se enrola no sujeito. Mais ainda: enrolando-se sobre si mesma ela constitui a subjetividade. Não são os indivíduos que constituem o mundo, mas os mundos envolvidos, as essências, que constituem os indivíduos: "Esses mundos que chamamos indivíduos e que sem a arte jamais conheceríamos".[14] A essência não é apenas individual, é individualizante.

O ponto de vista não se confunde com quem nele se coloca; a qualidade interna não se confunde com o sujeito que ela individualiza. Essa distinção entre essência e sujeito é tão importante que Proust vê nela a única prova possível da imortalidade da alma. Na alma daquele que a desvela, ou apenas a compreende, a essência é como uma "divina cativa".[15] Talvez as essências tenham, elas *[57]* próprias, se aprisionado, se envolvido nas almas que elas individualizam. Não existem fora desse cativeiro, mas não se separam da "pátria desconhecida" com que elas se envolvem em nós. São nossos "reféns": morrem se morremos, mas se são eternas, de alguma forma somos também imortais. Elas tornam a morte menos provável; única prova, a única chance é estética. Assim, duas questões estão fundamentalmente ligadas: "As questões da realidade da Arte, da realidade da Eternidade da alma".[16] Sob esse aspecto, a morte de Bergotte diante do pequeno detalhe de parede amarela de Vermeer torna-se simbólica: "Em celestial balança lhe aparecia, num prato, sua própria vida, no outro, o pequeno detalhe de parede tão bem pintado de amarelo. Sentia Bergotte que imprudentemente arriscara o primeiro pelo segundo... Nova crise prostrou-o... Estava morto. Morto para sempre? Quem poderá dizer?".[17]

[13] P, RIII, p. 376.
[14] P, RIII, p. 258.
[15] CS, RI, p. 350.
[16] P, RIII, p. 374.
[17] P, RIII, p. 187.

O mundo envolvido da essência é sempre um começo do Mundo em geral, um começo do Universo, um começo radical absoluto. "Primeiro o piano solitário gemia como um pássaro abandonado por sua companheira; o violino escutou-o, respondeu-lhe como de uma árvore vizinha. Era como no princípio do mundo, como se ainda só houvesse os dois sobre a Terra, ou, antes, nesse mundo fechado a todo o resto, construído *[58]* pela lógica de um criador e onde para todo o sempre só os dois existiriam: aquela sonata."[18] O que Proust diz do mar ou do rosto de uma jovem é ainda mais verdadeiro quando se refere à essência e à obra de arte: a instável oposição, "essa perpétua recriação dos elementos primordiais da natureza".[19] Mas a essência assim definida é o nascimento do próprio Tempo. Não que o tempo já se tenha desdobrado: ele não tem ainda as dimensões distintas segundo as quais poderia se desenvolver, nem mesmo as séries separadas em que se distribui segundo ritmos diferentes. Certos neoplatônicos utilizavam uma palavra profunda para designar o estado originário que precede todo desenvolvimento, todo desdobramento, toda "explicação": a *complicação*, que envolve o múltiplo no Uno e afirma o Uno do múltiplo. A eternidade não lhes parecia a ausência de mudança, nem mesmo o prolongamento de uma existência sem limites, mas o estado complicado do próprio tempo (*uno ictu mutationes tuas complectitur*). O Verbo, *omnia complicans*, e contendo todas as essências, era definido como a complicação suprema, a complicação dos contrários, a instável oposição... Daí tiravam a ideia de um Universo essencialmente expressivo, organizando-se segundo graus de complicações imanentes e uma ordem de explicações descendentes.

O mínimo que se pode dizer é que Charlus é complicado, tomando a palavra rigorosamente em seu sentido etimológico. A genialidade de Charlus consiste em manter todas as almas que o compõem em estado *[59]* "complicado": é assim que conserva sempre

---

[18] CS, RI, p. 352.
[19] JF, RI, p. 906.

a frescura de um começo de mundo e não cessa de emitir signos primordiais, signos que o intérprete deverá decifrar, isto é explicar. Contudo, se procurarmos na vida alguma coisa que corresponda à situação das essências originais, não a encontraremos nesse ou naquele personagem, mas num estado profundo — o sono. Quem dorme "mantém em círculo em torno de si o fio das horas, a ordem dos anos e dos mundos"; essa maravilhosa liberdade que só cessa com o despertar, quando se é coagido a escolher segundo a ordem do tempo redesdobrado.[20] Do mesmo modo; o sujeito-artista tem a revelação de um tempo original, enrolado, complicado na própria essência, abarcando de uma só vez todas as suas séries e suas dimensões. Aí está o sentido da expressão "tempo redescoberto". O tempo redescoberto, em seu estado puro, está contido nos signos da arte. Não se deve confundi-lo com outro tempo redescoberto, o dos signos sensíveis, que é apenas um tempo que se redescobre no âmago do próprio tempo perdido, e que mobiliza todos os recursos da memória involuntária, dando-nos uma simples imagem da eternidade. Como o sono, a arte está para além da memória e recorre ao pensamento puro como faculdade das essências. O que a arte nos faz redescobrir é o tempo tal como ele se encontra enrolado na essência, tal como nasce no mundo envolvido da essência, idêntico à eternidade. O extratemporal de Proust é esse tempo no estado de nascimento e o sujeito-artista que o redescobre. Por essa razão, podemos dizer com todo o [60] rigor que só a obra de arte nos faz redescobrir o tempo: a obra de arte, "o único meio de redescobrir o tempo perdido".[21] Ela porta os signos mais importantes, cujo sentido está contido numa complicação primordial, verdadeira eternidade, tempo original absoluto.

Como a essência se encarna na obra de arte? Ou, o que vem a dar no mesmo, como um sujeito-artista consegue "comunicar" a essência que o individualiza e o torna eterno? Ela se encarna em

---

[20] CS, RI, pp. 4-5.
[21] TR, RIII, p. 899.

Os signos da arte e a Essência

matérias. Mas essas matérias são dúcteis, tão bem malaxadas e desfiadas que se tornam inteiramente espirituais. Essas matérias, sem dúvida, são a cor para o pintor, como o amarelo de Vermeer, o som para o músico e a palavra para o escritor. Mas, de modo mais profundo, são matérias livres que tanto se exprimem por palavras como por sons e cores. Em Thomas Hardy, por exemplo, os blocos de pedra, a geometria desses blocos, o paralelismo das linhas formam uma matéria espiritualizada, em que as próprias palavras encontram sua ordenação; em Stendhal, a altitude é uma matéria aérea "ligando-se à vida espiritual".[22] O verdadeiro tema de uma obra não é o assunto tratado, assunto consciente e voluntário que se confunde com aquilo que as palavras designam, mas os temas inconscientes, os arquétipos involuntários, dos quais as palavras, como as cores e os sons, tiram o seu sentido e a sua vida. *[61]* A arte é uma verdadeira transmutação da matéria. Nela a matéria se espiritualiza, os meios físicos se desmaterializam, para refratar a essência, isto é, a qualidade de um mundo original. Esse tratamento da matéria é o "estilo".

Como qualidade de um mundo, a essência jamais se confunde com um objeto; ao contrário, ela aproxima dois objetos inteiramente diferentes, dos quais nos damos conta de que eles têm essa qualidade no meio revelador. Ao mesmo tempo que a essência se encarna em determinada matéria, a qualidade última que a constitui se expressa como a *qualidade comum* a dois objetos diferentes, misturados nessa matéria luminosa, mergulhados nesse meio refringente. Nisto consiste o estilo: "Podem-se alinhar indefinidamente numa descrição os objetos pertencentes ao lugar descrito, mas a verdade só surgirá quando o escritor tomar dois objetos diversos, estabelecer a relação entre eles, análoga no mundo da arte à relação única entre causa e efeito no da ciência, e os enfeixar nos necessários anéis de um belo estilo".[23] Isso significa que o estilo é essencialmente metáfora. Mas a metáfora é essencialmente metamorfose e indica como os dois objetos permutam suas determi-

[22] P, RIII, p. 377.
[23] TR, RIII, p. 889.

nações, e até mesmo a palavra que os designa, no novo meio que lhes confere a qualidade comum. É o que acontece nos quadros de Elstir, em que o mar se torna terra e a terra, mar; onde a cidade só é designada por "termos marinhos" e a água por *[62]* "termos urbanos".[24] O estilo, para espiritualizar a matéria e torná-la adequada à essência, reproduz a instável oposição, a complicação original, a luta e a troca dos elementos primordiais que constituem a própria essência. Em Vinteuil ouve-se o combate entre dois temas como num corpo a corpo: "Corpo a corpo de energias somente, para dizer a verdade, pois se esses seres se confrontavam, eram libertos de seus corpos físicos, de suas aparências, de seus nomes...".[25] Uma essência é sempre um nascimento do mundo; mas o estilo é esse nascimento continuado e refratado, esse nascimento redescoberto nas matérias adequadas às essências, esse nascimento como metamorfose de objetos. O estilo não é o homem: é a própria essência.

A essência não é apenas particular, individual, mas individualizante. Ela própria individualiza e determina as matérias em que se encarna, como os objetos que enfeixa nos anéis do estilo: como o avermelhado septeto e a branca sonata de Vinteuil ou a bela diversidade na obra de Wagner.[26] É que a essência é em si mesma diferença. Mas ela só tem o poder de diversificar e de se diversificar, porque também tem a potência de se repetir, idêntica a si mesma. Que poderíamos fazer da essência, que é diferença última, senão repeti-la, já que ela não pode ser substituída, nada podendo ocupar-lhe o lugar? Por essa razão uma grande música deve ser tocada muitas vezes; um poema, aprendido de cor *[63]* e recitado. A diferença e a repetição só se opõem aparentemente, e não existe um grande artista cuja obra não nos faça dizer: "A mesma e no entanto outra".[27]

[24] JF, RI, pp. 835-7.
[25] P, RIII, p. 260.
[26] P, RIII, p. 159.
[27] P, RIII, p. 259.

A diferença, como qualidade de um mundo, só se afirma por uma espécie de autorrepetição que percorre os mais variados meios e reúne objetos diversos; a repetição constitui os graus de uma diferença original, tal como a diversidade constitui os níveis de uma repetição não menos fundamental. Sobre a obra de um grande artista podemos dizer: é a mesma coisa, apenas com a diferença de nível; como também: é outra coisa, apenas com a semelhança de grau. Na verdade, diferença e repetição são as duas potências da essência, inseparáveis e correlatas. Um artista não envelhece porque se repete, pois a repetição é potência da diferença, não menos que a diferença é poder da repetição. Um artista envelhece quando, "pelo desgaste de seu cérebro", julga mais simples encontrar diretamente na vida, como pronto e acabado, aquilo que ele só poderia exprimir em sua obra, aquilo que deveria distinguir e repetir por sua obra.[28] O artista, ao envelhecer, confia na vida, na "beleza da vida", mas só tem sucedâneos daquilo que constitui a arte: repetições que se tornaram mecânicas, pois são exteriores, diferenças imobilizadas que tornam a cair numa matéria que não conseguem mais tornar leve e espiritual. A vida não possui as duas potências da arte; ela só as recebe [64] degradando-as e só reproduz a essência no nível mais baixo, no grau mais fraco.

A arte possui, portanto, um privilégio absoluto, que se exprime de várias maneiras. Na arte, a matéria se torna espiritualizada e os meios desmaterializados. A obra de arte é, pois, um mundo de signos que são imateriais e nada têm de opaco, pelo menos para o olho ou ouvido artistas. Em segundo lugar, o sentido desses signos é uma essência que se afirma em toda a sua potência. Em terceiro lugar, o signo e o sentido, a essência e a matéria transmutada se confundem ou se unem numa adequação perfeita. Identidade de um signo como estilo e de um sentido como essência: esta é a característica da obra de arte. Sem dúvida, a própria arte é sempre objeto de um aprendizado, em que passamos pela tentação objetivista e pela compensação subjetiva, como em qualquer outro campo. Mas a revelação da essência (além do objeto e além do próprio sujeito) só pertence ao domínio da arte: se tiver de se rea-

[28] JF, RI, p. 852.

lizar, é nele que se realizará. Daí por que a arte é a finalidade do mundo, o destino inconsciente do aprendiz.

Estamos, então, diante de dois tipos de questões. Que valor têm os outros signos, os que constituem os domínios da vida? Por si mesmos, o que nos ensinam? Podemos dizer que eles nos põem no caminho da arte? De que maneira? Mas, sobretudo, uma vez que tenhamos a revelação final da arte, como essa revelação vai reagir sobre os outros campos e tornar-se o centro de um sistema que nada deixa fora de seu âmbito? A essência é sempre uma essência artista. Mas, uma vez descoberta, ela não se encarna apenas nas matérias *[65]* espiritualizadas, nos signos imateriais da obra de arte. Ela também se encarna em outros campos, que serão, desde então, integrados naquela obra. Assim, ela passa para meios mais opacos, para signos mais materiais, onde perde algumas de suas características originais, absorvendo outras, que exprimem a descida da essência nessas matérias cada vez mais rebeldes. Há leis de transformação da essência em relação com as determinações da vida.

Capítulo V
PAPEL SECUNDÁRIO DA MEMÓRIA
[66]

Os signos mundanos e os signos amorosos, para serem interpretados, precisam da inteligência. É a inteligência que os decifra: à condição de "vir depois", de ser, de certa forma, obrigada a pôr-se em movimento, sob a exaltação nervosa que nos provoca a mundanidade, ou, ainda mais, sob a dor que o amor nos instila. Sem dúvida, a inteligência mobiliza outras faculdades. Vê-se o ciumento pôr todos os recursos da memória a serviço da interpretação dos signos do amor, isto é, das mentiras do amado. Mas a memória, não sendo solicitada diretamente, só pode fornecer uma contribuição voluntária e, por ser apenas "voluntária", vem sempre muito tarde com relação aos signos a decifrar. A memória do ciumento pretende tudo reter, porque o menor detalhe pode se revelar um signo ou um sintoma de mentira; ela quer tudo armazenar para que a inteligência disponha da matéria necessária às suas próximas interpretações. Há alguma coisa de sublime na memória do ciumento: ela enfrenta seus próprios limites e, voltada para o futuro, esforça-se para ultrapassá-los. Mas chega tarde demais porque *[67]* não soube distinguir no momento a frase que deveria reter, o gesto que não sabia ainda que adquiriria determinado sentido.[1] "Depois, diante da mentira explícita, ou tomado de uma dúvida ansiosa, eu queria lembrar-me; em vão; minha memória não fora prevenida a tempo, achara inútil guardar uma cópia."[2] Em suma, na interpretação dos signos do amor, a memória só intervém de forma voluntária, o que a condena a um patético fracasso. Não

[1] P, RIII, p. 61.
[2] P, RIII, p. 153.

é o esforço da memória, tal como aparece em cada amor, que consegue decifrar os signos correspondentes; é apenas o impulso da inteligência, na série dos amores sucessivos, balizada pelos esquecimentos e pelas repetições inconscientes.

Em que nível, portanto, intervém a famosa Memória involuntária? Ela só intervém em função de um tipo de signos muito particulares: os signos sensíveis. Apreendemos uma qualidade sensível como signo; sentimos um imperativo que nos força a procurar seu sentido. Então, a Memória involuntária, diretamente solicitada pelo signo, nos proporciona seu sentido (como Combray para a *madeleine*, Veneza para as pedras...).

Em segundo lugar, essa memória involuntária não possui o segredo de todos os signos sensíveis: alguns remetem ao desejo ou a figuras da imaginação (como os campanários de Martinville). [68] Razão pela qual Proust distingue cuidadosamente dois casos de signos sensíveis: as reminiscências e as descobertas; as "ressurreições da memória" e as "verdades escritas com figuras".[3] Pela manhã, quando o herói se levanta, não sente apenas a pressão das lembranças involuntárias que se confundem com uma luz ou com um odor, mas também o impulso dos desejos involuntários que se encarnam numa mulher que passa — padeira, lavadeira ou jovem orgulhosa, "uma imagem, enfim"...[4] No início, nem mesmo podemos dizer de que lado vem o signo. A qualidade se dirige à imaginação ou, simplesmente, à memória? É preciso tudo experimentar para descobrir a faculdade que nos dará o sentido adequado; e, quando fracassamos, não podemos saber se o sentido que nos ficou velado era uma figura de sonho ou uma lembrança dissimulada na memória involuntária. As três árvores, por exemplo, eram uma paisagem da Memória ou do Sonho?[5]

[3] TR, RIII, p. 879.
[4] P, RIII, p. 27.
[5] JF, RI, pp. 718-9.

Os signos sensíveis que se explicam pela memória involuntária têm uma dupla inferioridade, não somente com relação aos signos da arte, mas também com relação aos signos sensíveis que remetem à imaginação. Por um lado, sua matéria é mais opaca e rebelde, sua explicação permanece material demais; por outro, eles só superam aparentemente a contradição do ser e do nada (como vimos na lembrança da avó). Proust nos fala da plenitude das reminiscências ou das lembranças involuntárias, [69] da alegria celestial que nos dão os signos da Memória e do tempo que eles nos fazem bruscamente redescobrir. Os signos sensíveis que se explicam pela memória formam, na verdade, um "começo de arte", eles nos põem "no caminho da arte".[6] Nunca nosso aprendizado teria como etapa final a arte se não passasse por esses signos que nos dão uma antecipação do tempo redescoberto e nos preparam para a plenitude das Ideias estéticas. Mas nada fazem senão nos preparar: são apenas um simples começo. São, ainda, signos da vida e não signos da arte.[7]

Eles são superiores aos signos mundanos, superiores aos signos do amor, mas inferiores aos da arte; e, mesmo em seu tipo, são inferiores aos signos sensíveis da imaginação, que estão mais próximos da arte (embora pertencendo ainda à vida).[8] Proust muitas vezes apresenta os signos da memória como decisivos; as reminiscências parecem-lhe constitutivas da obra de arte, não apenas na perspectiva de seu projeto pessoal, mas na de grandes precursores, como Chateaubriand, Nerval ou Baudelaire. Mas, se as reminiscências são integradas na arte como partes constitutivas, é na medida em que são elementos condutores, elementos que conduzem o leitor à compreensão da obra e o artista, à concepção de sua tarefa e da unidade dessa tarefa: "Eu tentaria encontrar a razão objetiva de por que seria, justa e unicamente, [70] esse tipo de sensações que deveria *levar* à obra de arte".[9] As reminiscências são metáfo-

---

[6] TR, RIII, p. 889.

[7] TR, RIII, p. 889 ("... ou mesmo, assim como a vida...").

[8] P, RIII, p. 375.

[9] TR, RIII, p. 918.

ras da vida; as metáforas são reminiscências da arte. Ambas têm algo em comum: determinam uma relação entre dois objetos inteiramente diferentes, "para subtraí-los às contingências do tempo".[10] Mas só a arte realiza plenamente o que a vida apenas esboçou. As reminiscências, na memória involuntária, são ainda vida: arte no nível da vida, consequentemente metáforas ruins. Ao contrário, a arte em sua essência, a arte superior à vida, não se baseia na memória involuntária, nem mesmo na imaginação e nas figuras inconscientes. Os signos da arte se explicam pelo pensamento puro como faculdade das essências. Dos signos sensíveis em geral, quer se dirijam à memória ou mesmo à imaginação, devemos dizer ora que vêm antes da arte e que a ela nos conduzem, ora que vêm depois da arte e que dela captam apenas os reflexos mais próximos.

Como explicar o mecanismo complexo das reminiscências? À primeira vista, trata-se de um mecanismo associativo; por um lado, semelhança entre uma sensação presente e uma sensação passada; por outro, contiguidade da sensação passada com um conjunto que vivíamos então, e que ressuscita sob a ação da sensação presente. Assim, o gosto da *[71] madeleine* é semelhante ao que sentíamos em Combray; e ele ressuscita Combray, onde o sentimos pela primeira vez. Tem-se muitas vezes salientado a importância formal de uma psicologia associacionista em Proust. Mas seria um erro criticá-la: o associacionismo é menos ultrapassado que a crítica do associacionismo. Devemos, portanto, perguntar de que ponto de vista os casos de reminiscência ultrapassam realmente os mecanismos de associação, e, também, de que ponto de vista eles remetem efetivamente a tais mecanismos.

A reminiscência coloca vários problemas que não são resolvidos pela associação de ideias. Por um lado, de onde vem a extraordinária alegria que experimentamos na sensação presente? Alegria tão forte que é suficiente para tornar a morte indiferente. Em seguida, como explicar que não haja simples semelhança entre as duas sensações, presente e passada? Além de uma semelhança

[10] TR, RIII, p. 889.

entre duas sensações, descobrimos nas duas a identidade de uma mesma qualidade. Enfim, como explicar que Combray surja não exatamente como foi vivida, em contiguidade com a sensação passada, mas com um esplendor, com uma "verdade" que nunca tivera equivalente no real?

Essa alegria do tempo redescoberto, essa identidade da qualidade, essa verdade da reminiscência, nós as experimentamos e sentimos que elas ultrapassam todos os mecanismos associativos. Mas em quê? Somos incapazes de dizer. Constatamos o que se passa, mas não temos ainda o meio de compreendê-lo. Com o sabor da *madeleine*, Combray surgiu em seu esplendor, mas não [72] descobrimos, de modo algum, as causas de tal aparição. A impressão das três árvores permanece inexplicada; ao contrário, a impressão da *madeleine* parece explicada por Combray. Entretanto, avançamos muito pouco: por que essa alegria, por que esse esplendor na ressurreição de Combray? ("de cujas causas profundas adiara até então a busca").[11]

A memória *voluntária* vai de um presente atual a um presente que "foi", isto é, a alguma coisa que foi presente mas não é mais. O passado da memória voluntária é, pois, duplamente relativo: relativo ao presente que foi, mas também relativo ao presente em relação ao qual ele é agora passado. O que vale dizer que essa memória não apreende diretamente o passado: ela o recompõe com presentes. Por essa razão, Proust faz as mesmas restrições à memória voluntária e à percepção consciente: esta acredita encontrar o segredo da impressão no objeto, aquela acredita encontrar o segredo da lembrança na sucessão dos presentes; são os objetos que distinguem os presentes sucessivos. A memória voluntária procede por instantâneos: "Mas bastava essa palavra para torná-la para mim tão enfadonha quanto uma exposição de fotografias, e eu não sentia hoje mais gosto, mais talento, para descrever o que vira outrora do que ontem para fixar imediatamente o que observava com olhos minuciosos e entediados".[12]

[11] TR, RIII, p. 867.
[12] TR, RIII, p. 865.

É evidente que alguma coisa de essencial escapa à memória voluntária: o *ser em si do passado*. Ela faz como se o passado se constituísse como tal depois de *[73]* ter sido presente e, assim, seria necessário esperar um novo presente para que o precedente passasse, ou se tornasse passado. Dessa maneira, no entanto, a essência do tempo nos escapa, pois se o presente não fosse passado ao mesmo tempo que presente, se o mesmo momento não coexistisse consigo mesmo como presente e passado, ele nunca passaria, nunca um novo presente viria substituí-lo. O passado, tal como é em si, coexiste, não sucede o presente que ele foi. Na verdade, nós não apreendemos alguma coisa como passado no mesmo momento em que a sentimos como presente (salvo nos casos de paramnésia, aos quais talvez corresponda, em Proust, a visão das três árvores).[13] Mas é porque as exigências conjuntas da percepção consciente e da memória voluntária estabelecem uma sucessão real onde, mais profundamente, há uma coexistência virtual.

Se existe alguma semelhança entre as concepções de Bergson e de Proust, é nesse nível. Não no nível da duração, mas da memória. Não retornamos de um presente atual ao passado, não recompomos o passado com os presentes, mas nos situamos imediatamente no próprio passado; esse passado não representa alguma coisa que foi, mas simplesmente alguma coisa que é e coexiste consigo mesma como presente; o passado não pode se conservar em outra coisa que não nele mesmo, porque é em si, sobrevive e se conserva em si — estas são as célebres teses de *Matière et mémoire*. Este ser em si do passado, Bergson o chamava de virtual. Proust faz o mesmo quando fala dos estados induzidos pelos signos da memória: "Reais *[74]* sem serem atuais, ideais sem serem abstratos".[14] É verdade que, a partir daí, o problema não é o mesmo para Proust e para Bergson: para este é suficiente saber que o passado se conserva em si. Apesar de suas profundas páginas sobre o sono, ou sobre a paramnésia, Bergson não se pergunta essencialmente como o passado, tal como é em si, também poderia ser re-

[13] JF, RI, pp. 718-9.
[14] TR, RIII, p. 873.

cuperado para nós. Até mesmo o sonho mais profundo implica, segundo ele, uma degradação da lembrança pura, uma queda da lembrança numa imagem que a deforma. Já o problema de Proust é: como resgatar para nós o passado, tal como se conserva em si, tal como sobrevive em si? Proust expõe a tese bergsoniana não diretamente, mas pela anedota do "filósofo norueguês", que por sua vez a ouviu de Boutroux.[15] Note-se a reação de Proust: "Possuímos todas as nossas lembranças a não ser a faculdade de recordá-las, diz o grande filósofo norueguês, pensando em Bergson... Mas o que é uma lembrança de que a gente não se recorda?". Proust coloca a questão: como resgataremos o passado tal como é em si? É a essa pergunta que a memória involuntária responde.

A memória involuntária parece, a princípio, basear-se na semelhança entre duas sensações, entre dois momentos. Mas, de modo mais profundo, a semelhança nos remete a uma estrita *identidade*: identidade de uma qualidade comum às duas sensações, ou de uma sensação comum aos dois momentos, o atual e o antigo. Assim acontece com o sabor: dir-se-ia que ele contém um [75] volume de duração que o estende sobre dois momentos. Mas, por sua vez, a sensação, a qualidade idêntica, implica uma relação com alguma coisa *diferente*. O sabor da *madeleine* em seu volume aprisionou e envolveu Combray. Enquanto permanecemos na percepção consciente, a *madeleine* tem apenas uma relação exterior de contiguidade com Combray; enquanto permanecemos na memória voluntária, Combray se mantém exterior à *madeleine*, como o contexto separável da antiga sensação. A memória involuntária tem, porém, uma característica específica: ela interioriza o contexto, torna o antigo contexto inseparável da sensação presente. Ao mesmo tempo que a semelhança entre os dois momentos é ultrapassada em direção a uma identidade mais profunda, a contiguidade que pertencia ao momento passado é ultrapassada em direção a uma diferença mais profunda. Ao mesmo tempo que Combray ressurge na sensação atual, sua diferença com relação à antiga sensação se interioriza na sensação presente. A sensação presente não é, pois, mais separável dessa relação com o objeto diferente. O es-

---

[15] SG, RII, pp. 883-5.

sencial na memória involuntária não é a semelhança, nem mesmo a identidade, que são apenas condições. *O essencial é a diferença interiorizada, tornada imanente.* É neste sentido que a reminiscência é o análogo da arte e a memória involuntária o análogo de uma metáfora: ela toma "dois objetos diferentes" — a *madeleine* com seu sabor, Combray com suas qualidades de cor e de temperatura — e envolve um no outro, faz da relação dos dois alguma coisa interior.

O sabor, qualidade comum às duas sensações, sensação comum aos dois momentos, só está aí *[76]* para lembrar outra coisa: Combray. Com essa invocação, Combray ressurge de forma absolutamente nova. Não surge como esteve presente; surge como passado, mas esse passado não é mais relativo ao presente que ele foi, não é mais relativo ao presente em relação ao qual é agora passado. Não é mais a Combray da percepção, nem a da memória voluntária. Combray aparece como não podia ter sido vivida: não em realidade, mas em sua verdade; não em suas relações exteriores e contingentes, mas em sua diferença interiorizada, em sua essência. Combray surge em um passado puro, coexistindo com os dois presentes, mas fora de seu alcance, fora do alcance da memória voluntária atual e da percepção consciente antiga: "Um pouco de tempo em estado puro".[16] Não mais uma simples semelhança entre o presente e o passado, entre um presente que é atual e um passado que foi presente; nem mesmo uma identidade dos dois momentos; é, para além disso, o *ser em si do passado*, mais profundo que todo o passado que fora, que todo o presente que foi. "Um pouco de tempo em estado puro", isto é, a essência localizada do tempo.

"Reais sem serem atuais, ideais sem serem abstratos." Esse real ideal, esse virtual, é a essência. A essência se realiza ou se encarna na lembrança involuntária. Nesse caso, como na arte, o envolvimento, o enrolamento, permanece sendo o estado superior da essência. A lembrança involuntária retém os dois poderes: a dife-

[16] TR, RIII, p. 872.

rença [77] no antigo momento e a repetição no atual. A essência, entretanto, se realiza na lembrança involuntária em um grau mais baixo do que na arte, se encarna em matéria mais opaca. Primeiramente, a essência não mais aparece como a qualidade última de um ponto de vista singular, como era a essência artista: individual e até mesmo individualizante. Ela é, sem dúvida, particular; mas é princípio de localização mais do que de individuação. Ela aparece como essência local: Combray, Balbec, Veneza... É também particular porque revela a verdade diferencial de um lugar, de um momento. Mas, de outro ponto de vista, ela já é geral, porque traz essa revelação numa sensação "comum" a dois lugares, a dois momentos. Também na arte a qualidade da essência se expressava como qualidade comum a dois objetos; mas a essência artista nada perdia de sua singularidade, nada alienava, porque os dois objetos e sua relação eram inteiramente determinados pelo ponto de vista da essência, sem nenhuma contingência. Não é o que acontece com a memória involuntária, em que a essência chega a ter um mínimo de generalidade. Essa é a razão pela qual Proust diz que os signos sensíveis já remetem a uma "essência geral", como os signos do amor ou os signos mundanos.[17]

Há uma segunda diferença, agora do ponto de vista do tempo. A essência artista nos revela um tempo original, que ultrapassa suas séries e suas dimensões; um tempo "complicado" em sua própria essência, idêntico à eternidade. Quando falamos de um [78] "tempo redescoberto" na obra de arte, referimo-nos a esse tempo primordial, que se opõe ao tempo desdobrado e desenvolvido, isto é, ao tempo sucessivo que passa, ao tempo que em geral se perde. Ao contrário, a essência que se encarna na lembrança involuntária não nos revela esse tempo original; faz-nos redescobrir o tempo, mas de um modo totalmente diferente. Nos faz descobrir o próprio tempo perdido. Ela surge bruscamente em um tempo já desdobrado, desenvolvido, e no âmago desse tempo que passa redescobre um centro de envolvimento, que nada mais é do que a imagem do tempo original. Por isso as revelações da memória involuntária são extraordinariamente breves e não se poderiam pro-

[17] TR, RIII, p. 918.

Papel secundário da memória

longar sem nos causarem dano: "Na vertigem de uma incerteza semelhante a que sentimos, às vezes, diante de uma visão inefável no momento de adormecer."[18] A reminiscência nos dá o passado puro, o ser em si do passado, e, sem dúvida, esse ser em si ultrapassa todas as dimensões empíricas do tempo. Mas, em sua ambiguidade, ele é tanto o princípio a partir do qual essas dimensões se desdobram no tempo perdido quanto o princípio no qual se pode redescobrir esse tempo perdido, o centro em torno do qual se pode enrolá-lo de novo para ter uma imagem da eternidade. Esse passado puro é a instância que não se reduz a nenhum presente que passa, mas também a instância que faz passar todos os presentes, presidindo sua passagem; neste sentido, ele implica ainda a contradição da sobrevivência e do nada. A visão inefável é feita desse amálgama. A memória *[79]* involuntária nos dá a eternidade, mas de tal forma que não tenhamos a força de suportá-la mais do que um instante, nem o meio de descobrir sua natureza. O que ela nos dá, portanto, é, antes, a imagem instantânea da eternidade; e todos os Eus da memória involuntária são inferiores ao Eu da arte, do ponto de vista das próprias essências.

Em último lugar, a realização da essência na lembrança involuntária não se separa de determinações que permanecem exteriores e contingentes. Que, em virtude da potência da memória involuntária, alguma coisa surja em sua essência ou em sua verdade, isso não depende das circunstâncias. Mas que essa "alguma coisa" seja Combray, Balbec ou Veneza, que tal essência (em vez de outra) seja selecionada e encontre, então, o momento propício de sua encarnação, isso põe em jogo múltiplas circunstâncias e contingências. Por um lado, é evidente que a essência de Combray não se realizaria no sabor redescoberto da *madeleine* se não tivesse havido, de início, a contiguidade real entre a *madeleine*, tal como foi saboreada, e Combray, tal como esteve presente. Por outro, a *madeleine* com seu sabor e Combray com suas qualidades têm ainda matérias distintas que resistem ao envolvimento, à penetração de uma na outra.

[18] TR, RIII, p. 875.

Devemos, portanto, insistir em dois pontos: uma essência se encarna na lembrança involuntária, mas aí encontra matérias muito menos espiritualizadas, meios menos "desmaterializados" do que na arte. E, contrariamente ao que se passa na arte, a seleção e a escolha dessa essência dependem de dados exteriores à própria essência, remetem, *[80]* em última instância, a estados vividos, a mecanismos de associações que permanecem subjetivos e contingentes. (Outras contiguidades teriam induzido ou selecionado outras essências.) Na memória involuntária, a física ressalta a resistência das matérias e a psicologia a irredutibilidade das associações subjetivas. Por essa razão, os signos da memória constantemente nos preparam a armadilha de uma interpretação objetivista, mas também, e sobretudo, a tentação de uma interpretação inteiramente subjetiva. É por isso, enfim, que as reminiscências são metáforas inferiores: em vez de reunir dois objetos diferentes, cuja seleção e relação são inteiramente determinados por uma essência que se encarna num meio dúctil ou transparente, a memória reúne dois objetos ainda ligados a uma matéria opaca, cuja relação com ela depende de uma associação. Assim, a essência não é mais senhora de sua própria encarnação, de sua própria seleção, sendo ela mesma selecionada através de dados que lhe são exteriores, apresentando, assim, o mínimo de generalidade de que falávamos.

Assim, podemos dizer que os signos sensíveis da memória são da vida e não da Arte. A memória involuntária ocupa um lugar central, não o ponto extremo. Sendo involuntária, ela rompe com a atitude da percepção consciente e da memória voluntária, nos torna sensíveis aos signos e, em momentos privilegiados, nos dá a interpretação de alguns deles. Os signos sensíveis que lhe correspondem são superiores aos signos mundanos e aos signos do amor, mas inferiores a outros signos não menos sensíveis: signos do desejo, da imaginação *[81]* ou do sonho (estes têm matérias mais espirituais e remetem a associações mais profundas, que não dependem mais de contiguidades vividas). Com mais razão, os signos sensíveis da memória involuntária são inferiores aos da arte; eles perderam a perfeita identidade do signo e da essência; representam apenas o esforço da vida para nos preparar para a arte e para a revelação final da arte.

Papel secundário da memória

65

Não se deve ver na arte um meio mais profundo de explorar a memória involuntária; deve-se ver na memória involuntária uma etapa, e não a mais importante, do aprendizado da arte. É certo que essa memória nos coloca no caminho das essências; mais ainda: a reminiscência já possui a própria essência, soube capturá-la. Mas ela nos dá a essência em um estado impreciso, em um estado secundário, de modo ainda tão obscuro que somos incapazes de compreender o dom que recebemos e a alegria que experimentamos. Aprender é relembrar, mas relembrar nada mais é do que aprender, ter um pressentimento. Se, impulsionados pelas etapas sucessivas do aprendizado, não chegássemos à revelação final da arte, permaneceríamos incapazes de compreender a essência, e até mesmo de compreender que ela já estava na lembrança involuntária ou na alegria do signo sensível (estaríamos sempre reduzidos a "adiar" o exame das causas). É necessário que todas as etapas conduzam à arte e que atinjamos sua revelação; então tornaremos a descer os níveis, os integraremos na própria obra de arte, identificaremos a essência em suas realizações sucessivas, daremos *[82]* a cada nível de realização o lugar e o sentido que lhe cabem na obra. Descobriremos, assim, o papel da memória involuntária e as razões desse papel, importante mas secundário, na encarnação das essências. Os paradoxos da memória involuntária se explicam por uma instância mais elevada que ultrapassa a memória, inspira as reminiscências e lhes comunica apenas uma parte de seu segredo.

Capítulo VI
SÉRIE E GRUPO
[83]

A encarnação das essências se prolonga nos signos amorosos e até mesmo nos signos mundanos. A diferença e a repetição permanecem, então, como os dois poderes da essência, a qual continua irredutível tanto ao objeto que porta o signo quanto ao sujeito que o sente. Nossos amores não se explicam por aqueles que amamos, nem pelos estados perecíveis por que passamos no momento em que estamos amando. Mas como conciliar a ideia de uma presença da essência com o caráter mentiroso dos signos do amor e com o caráter vazio dos signos da mundanidade? A essência é levada a tomar uma forma cada vez mais geral, uma generalidade cada vez maior; em última análise, ela tende a se confundir com uma "lei" (a respeito do amor e da mundanidade, Proust sempre declarou seu gosto pela generalidade e sua paixão pelas leis). As essências podem, portanto, se encarnar nos signos amorosos como as leis gerais da mentira, e nos signos mundanos como as leis gerais do vazio.

Uma diferença original preside nossos amores. *[84]* Talvez seja a imagem da Mãe, ou do Pai, para uma mulher, como acontece com a Srta. Vinteuil. Mais profundamente, é uma imagem longínqua, além de nossa experiência, um Tema que nos ultrapassa, uma espécie de arquétipo. Imagem, ideia ou essência bastante rica para diversificar-se nos seres que amamos, e até mesmo em um único ser amado; exatamente como se repete em nossos amores sucessivos e em cada um dos nossos amores considerados isoladamente. Albertine é a mesma e outra, tanto em relação aos outros amores do herói como em relação a ela própria. Há tantas Albertines que seria preciso dar um nome específico a cada uma delas e, no entanto, é como se fosse um mesmo tema, uma mesma quali-

Série e grupo

67

dade vista sob vários aspectos. As reminiscências e as descobertas se misturam, então, intimamente em cada amor. A memória e a imaginação se revezam e se corrigem, cada uma, ao dar um passo, impele a outra a dar um passo suplementar.[1] Com mais forte razão em nossos amores sucessivos: cada amor traz sua diferença já compreendida no precedente, e todas essas diferenças estão contidas em uma imagem primordial, que não cessamos de produzir em diversos níveis e de repetir como a lei inteligível de todos os nossos amores. "Assim, meu amor por Albertine, até nas suas diferenças, já se inscrevia em meu amor por Gilberte..."[2]

Nos signos do amor, os dois poderes da essência deixam de estar juntos. A imagem ou o tema contêm o caráter particular de nossos amores, *[85]* mas repetimos tanto mais e tanto melhor essa imagem quanto de fato ela nos escapa e permanece inconsciente. Em vez de exprimir a potência imediata da ideia, a repetição dá testemunho aqui de uma separação, de uma inadequação entre a consciência e a ideia. A experiência de nada nos serve, porque negamos que repetimos e acreditamos sempre em algo novo; mas também porque ignoramos a diferença que tornaria nossos amores inteligíveis e os relacionaria a uma lei que seria como que sua fonte permanente. O inconsciente no amor é a separação dos dois aspectos da essência, diferença e repetição.

A repetição amorosa é uma repetição serial. Os amores do herói por Gilberte, pela Sra. de Guermantes, por Albertine formam uma série em que cada termo acrescenta sua pequena diferença. "Quando muito, a esse amor, terá aquela que tanto amamos acrescentado um cunho particular, que nos obrigará a lhe ser fiel até na infidelidade. Precisaremos, com a sua sucessora, dos mesmos passeios matinais, ou de trazê-la de volta à noite, ou de lhe dar dinheiro demais."[3] Mas também, entre dois termos da série, aparecem relações de contraste que complicam a repetição: "Ah! como esse

[1] JF, RI, pp. 917-8.
[2] TR, RIII, p. 904.
[3] TR, RIII, p. 908.

68   Os signos

amor por Albertine, do qual eu julgara que poderia prever o destino, pelo que eu tive por Gilberte, se desenvolvera em perfeito contraste com este último".[4] E sobretudo, quando passamos de um termo amado a outro devemos levar em conta uma diferença acumulada *[86]* no sujeito amoroso, como uma razão de progressão na série, "índice de variação que se acentua à medida que se chega a novas regiões, sob outras latitudes da vida".[5] É que a série, por suas pequenas diferenças e relações contrastadas, só se desenvolve ao convergir para sua lei, com o sujeito amoroso se reaproximando cada vez mais de uma compreensão do tema original. Compreensão que ele só atingirá plenamente quando tiver deixado de amar, quando não tiver mais nem o desejo, nem o tempo, nem a idade para amar. É nesse sentido que a série amorosa constitui um aprendizado: nos primeiros termos o amor aparece ligado a seu objeto, de sorte que o mais importante é confessar; depois aprendemos a subjetividade do amor, e a necessidade de não confessar, para preservar nossos próximos amores. Mas, à medida que a série se aproxima de sua própria lei, e nossa capacidade de amar, de seu próprio fim, pressentimos a existência do tema original ou da ideia, que ultrapassa tanto nossos estados subjetivos quanto os objetos em que ela se encarna.

Não há apenas uma série de amores sucessivos; cada amor assume uma forma de série. As pequenas diferenças e as relações contrastadas que encontramos de um amor a outro já são encontradas em um mesmo amor: de uma Albertine a outra, pois Albertine possui almas múltiplas e múltiplos rostos. Esses rostos, essas almas não estão no mesmo plano; eles se organizam em série. (De acordo com a lei de contraste, *[87]* "dois... é o número mínimo da variedade. Se recordamos um olhar enérgico e um ar atrevido, o próximo encontro nos surpreenderá, isto é, veremos quase exclusivamente um lânguido perfil e uma sonhadora doçura, coisas que

[4] AD, RIII, p. 447.

[5] JF, RI, p. 894.

nos passaram despercebidas na recordação precedente".)[6] Ainda mais: um índice de variação subjetiva corresponde a cada amor, medindo seu início, sua duração e seu término. Em todos esses sentidos, o amor por Albertine forma uma série em que podemos distinguir dois períodos diferentes de ciúme; e, no final, o esquecimento de Albertine só se desenvolve na medida em que o herói desce os níveis que marcaram o início de seu amor: "Eu sentia agora que antes de esquecê-la por completo, antes de atingir a indiferença inicial, seria necessário, como ao viajante que voltou pelo mesmo caminho ao ponto de onde partira, atravessar em sentido inverso todos os sentimentos pelos quais tinha passado antes de chegar ao meu grande amor".[7] Assim, três etapas marcam o esquecimento, como uma série invertida: o retorno à indivisão, retorno a um grupo de jovens análogo àquele de onde Albertine foi tirada; a revelação dos gostos de Albertine, que dá razão de certo modo às primeiras intuições do herói, mas num momento em que a verdade não lhe interessa mais; enfim, a ideia de que Albertine continua viva, ideia que lhe dá muito pouco prazer, em contraste com a dor sentida quando a sabia morta mas ainda a amava. *[88]*

Não apenas cada amor forma uma série particular como, no outro polo, a série de nossos amores ultrapassa nossa experiência, encadeia-se com outras experiências, abre-se para uma realidade transubjetiva. O amor de Swann por Odette já faz parte da série que tem sua continuação no amor do herói por Gilberte, pela Sra. de Guermantes, por Albertine. Swann desempenha o papel de iniciador em um destino que ele mesmo não soube realizar: "Em suma, refletindo bem, a matéria de minha experiência me vinha de Swann, e não só no que lhe dizia respeito e a Gilberte. Mas tinha sido ele que, desde Combray, me despertara o desejo de ir a Balbec... Sem Swann eu nem teria conhecido os Guermantes...".[8] Swann foi apenas a oportunidade, mas sem essa oportunidade a série teria sido outra; e, de certo modo, Swann foi muito mais: foi

[6] JF, RI, pp. 917-8.

[7] AD, RIII, p. 558.

[8] TR, RIII, pp. 915-6.

ele quem, desde o início, possuía a lei da série ou o segredo da progressão e o confidenciou ao herói num "aviso profético": o ser amado como Prisioneiro.[9]

É sempre possível encontrar a origem da série amorosa no amor do herói por sua mãe; mas, mesmo aí, encontramos Swann que, ao vir jantar em Combray, priva a criança da presença materna. E a tristeza do herói, sua angústia em relação à mãe, é a mesma angústia e a mesma tristeza que o próprio Swann sentira por Odette: "Essa angústia de sentir o ser que se ama num lugar de festa onde não se está, e aonde não se pode ir encontrá-lo, [89] foi o amor que lhe fez conhecer, o amor ao qual ela é de algum modo predestinada e pelo qual ela será açambarcada, particularizada; mas quando, como no meu caso, essa angústia nos penetra antes que o amor tenha aparecido em nossa vida, ela flutua à sua espera, vaga e livre...".[10]

Pode-se concluir que a imagem da mãe não é, talvez, o tema mais profundo, nem a razão da série amorosa. Na verdade, nossos amores repetem nossos sentimentos pela mãe, mas esses, por sua vez, repetem outros amores, que nós mesmos não vivemos. A mãe aparece como a transição de uma experiência a outra, o modo pelo qual nossa experiência se inicia já ligada a experiências realizadas por outros. Em última análise, a experiência amorosa é a da humanidade inteira, que a corrente de uma hereditariedade transcendente atravessa.

Assim, a série pessoal de nossos amores remete, por um lado, a uma série mais vasta, transpessoal; por outro, a séries mais restritas, constituídas de cada amor em particular. As séries são, pois, implicadas umas nas outras, os índices de variação e as leis de progressão, envolvidos uns nos outros. Ao perguntarmos como os signos do amor devem ser interpretados, procuramos uma instância pela qual as séries podem ser explicadas, os índices e as leis se desenvolverem. Ora, por maior que seja o papel da memória e da imaginação, essas faculdades só intervêm no nível de cada amor

[9] JF, RI, p. 563.
[10] CS, RI, p. 30.

Série e grupo

particular, e menos para interpretar os signos do que para sur-preendê-los e recolhê-los, *[90]* para secundar uma sensibilidade que os apreende. A passagem de um amor a outro tem como lei o Esquecimento, não a memória; a Sensibilidade, não a imaginação. Na verdade, apenas a inteligência é uma faculdade capaz de inter-pretar os signos e explicar as séries do amor. É por isso que Proust insiste no seguinte ponto: há esferas em que a inteligência, apoian-do-se na sensibilidade, é mais profunda, mais rica, do que a me-mória e a imaginação.[11]

Não que as verdades do amor façam parte dessas verdades abstratas, que um pensador poderia descobrir por intermédio de um método ou de uma reflexão livre. É preciso que a inteligência seja forçada, que sofra uma coação que não lhe dê escolha. Essa coação é a da sensibilidade, a do próprio signo no nível de cada amor. Os signos do amor são acompanhados de sofrimento por-que implicam sempre uma mentira do amado, como uma ambi-guidade fundamental de que nosso ciúme se aproveita e se nutre. Então, o sofrimento de nossa sensibilidade força nossa inteligência a procurar o sentido do signo e a essência que nele se encarna. "Um homem dotado de sensibilidade, ainda que não tivesse imaginação, poderia, apesar disso, escrever romances admiráveis. O sofrimen-to que os outros lhe causassem, seus esforços para evitá-lo, os con-flitos que daí lhe resultariam com pessoas cruéis, tudo isso, inter-pretado pela inteligência, forneceria matéria para um livro... tão belo como se fosse imaginado, inventado."[12]

Em que consiste a interpretação da inteligência? *[91]* Consis-te em descobrir a essência como lei da série amorosa, o que signi-fica dizer que na esfera do amor a essência não se separa de um tipo de generalidade; generalidade de série, generalidade propria-mente serial. Cada sofrimento é particular na medida em que é sentido, na medida em que é provocado por determinado ser, em determinado amor. Mas, porque esses sofrimentos se reproduzem

[11] TR, RIII, pp. 900-2.
[12] TR, RIII, pp. 900-2.

e se implicam, a inteligência extrai deles alguma coisa de geral, que também é alegria. A obra de arte "é signo de felicidade porque nos ensina que em todo amor o geral jaz ao lado do particular e a passar do segundo ao primeiro, numa ginástica que fortalece contra a tristeza, nos fazendo esquecer sua causa para aprofundar sua essência".[13] O que repetimos é, a cada vez, um sofrimento particular, mas a repetição é sempre alegre, o fato da repetição constitui uma alegria generalizada. Ou melhor, os fatos são sempre tristes e particulares, mas a ideia que deles extraímos é geral e alegre. A repetição amorosa não se separa de uma lei de progressão pela qual nos aproximamos de uma tomada de consciência que transmuta nossos sofrimentos em alegria. Nós nos apercebemos de que nossos sofrimentos não dependiam do objeto, eram "rodeios" ou "farsas" que preparávamos para nós mesmos, ou melhor, armadilhas e coquetismos da Ideia, alegrias da Essência. Há um trágico do que se repete, mas um cômico da repetição e, mais profundamente, uma alegria da repetição compreendida ou da compreensão da lei. Extraímos de nossas *[92]* tristezas particulares uma Ideia geral; é que a Ideia era primeira, já se encontrava lá, como a lei da série já está contida em seus primeiros termos. O humor da Ideia é manifestar-se na tristeza, aparecer como um desgosto. Desse modo, o fim já aparecia no início: "As ideias são sucedâneos dos desgostos... Sucedâneos, aliás, só na ordem do tempo, pois parece que o elemento primeiro seja a ideia, e o desgosto, seja apenas o modo segundo o qual certas ideias entram a princípio em nós".[14]

O trabalho da inteligência consiste em, sob a pressão da sensibilidade, transmutar nosso sofrimento em alegria, ao mesmo tempo que o particular no geral. Somente ela pode descobrir a generalidade e achá-la alegre, encontrando no final aquilo que já estava presente desde o começo, necessariamente inconsciente. Somente ela pode descobrir que os amados não foram causas que agiram de maneira autônoma, mas os termos de uma série que desfilavam

[13] TR, RIII, p. 904.
[14] TR, RIII, p. 906.

em nós, os quadros vivos de um espetáculo interior, os reflexos de uma essência. "Cada pessoa que nos faz sofrer pode representar para nós uma divindade da qual é apenas um reflexo fragmentário em seu último grau, divindade, cuja contemplação como ideia logo nos dá alegria, em vez da dor que sentíamos. A arte de viver consiste em nos servir das pessoas que nos fazem sofrer como um degrau de acesso à (sua) forma divina, povoando assim diariamente nossa vida de divindades."[15]

A essência se encarna nos signos amorosos *[93]* necessariamente sob uma forma serial, portanto geral. A essência é sempre diferença. No amor, porém, a diferença se situa no inconsciente: torna-se, de certo modo, genérica ou específica, determinando uma repetição cujos termos só se distinguem por diferenças infinitesimais e por contrastes sutis. Em suma, a essência assume a generalidade de um Tema ou de uma Ideia que serve de lei à série de nossos amores. É por isso que a encarnação da essência, a seleção da essência que se encarna nos signos amorosos, depende de condições extrínsecas e de contingências subjetivas mais do que nos signos sensíveis. Swann é o grande iniciador inconsciente, o ponto de partida da série; mas como não lamentar os temas sacrificados, as essências eliminadas, como os possíveis leibnizianos que não passam à existência e que teriam formado outras séries, em outras circunstâncias e sob outras condições?[16] É a Ideia que determina a série de nossos estados subjetivos, mas também são os acasos de nossas relações subjetivas que determinam a seleção da Ideia. Por isso a tentação de uma interpretação subjetivista é ainda mais forte no amor do que nos signos sensíveis: todo amor se liga a associações de ideias e a impressões subjetivas, e o seu fim se confunde com o aniquilamento de uma "porção" de associações, como numa congestão cerebral em que uma artéria gasta se rompe.[17]

Nada mostra melhor a exterioridade da seleção *[94]* do que a contingência na escolha do ser amado. Não apenas temos amo-

---

[15] TR, RIII, p. 899.

[16] TR, RIII, p. 916.

[17] AD, RIII, p. 592.

res fracassados (Srta. de Stermaria), que sabemos que por pouco poderiam ter dado certo, mas nossos amores bem-sucedidos, e a série que formam ao se encadearem, isto é, encarnando determinada essência em vez de outra, dependem de ocasiões, de circunstâncias, de fatores extrínsecos.

Um dos casos mais evidentes é o seguinte: o ser amado faz parte, de início, de um grupo onde ainda não se encontra individualizado. Quem será a amada nesse grupo homogêneo? E por que acaso é Albertine quem encarna a essência, quando outra poderia fazê-lo? Ou mesmo outra essência, encarnada em outra jovem, a que o herói poderia ser sensível, e que teria, pelo menos, modificado a série de seus amores? "Ainda agora a visão de uma me dava um prazer em que estava presente, numa proporção que eu não poderia saber dizer, a possibilidade de ver as outras a seguirem mais tarde e, ainda que elas não viessem naquele dia, de falar delas e saber que lhes seria contado que eu estivera na praia."[18] Existe no grupo das jovens um misto, uma mistura de essências, sem dúvida vizinhas, com relação às quais o herói é quase igualmente disponível: "Cada uma conservava para mim, como no primeiro dia, algo da essência das outras".[19]

Albertine entra portanto na série amorosa, mas porque é extraída de um grupo, com toda a contingência que corresponde a essa extração. Os [95] prazeres que o herói sente no grupo são prazeres sensuais, mas não fazem parte do amor. Para tornar-se um termo da série amorosa é preciso que Albertine seja isolada do grupo em que aparece no início, é preciso que seja escolhida, e essa escolha não se faz sem incerteza e contingência. Inversamente, o amor por Albertine só termina realmente com um retorno ao grupo: seja ao antigo grupo das jovens, tal como Andrée o simboliza depois da morte de Albertine ("nessa época eu sentia prazer em manter semirrelações carnais com ela, por causa do aspecto coletivo que existia no início e que agora voltaria a caracterizar meu amor pelas jovens do grupinho que permaneceu por muito

[18] JF, RI, p. 944.
[19] SG, RII, p. 1113.

tempo indiviso entre elas");[20] seja a um grupo análogo, encontra-do na rua, quando Albertine já estava morta, e que reproduzia, em sentido contrário, uma formação do amor, uma seleção da ama-da.[21] Se, por um lado, grupo e série se opõem, por outro, eles são inseparáveis e complementares.

A essência, tal como se encarna nos signos amorosos, mani-festa-se sucessivamente sob dois aspectos. Em primeiro lugar, sob a forma das leis gerais da mentira. Pois é preciso mentir e só esta-mos dispostos a mentir a alguém que nos ama. Se a mentira obe-dece a determinadas leis é porque implica uma certa tensão no mentiroso, como um sistema de relações físicas *[96]* entre a verda-de e as denegações ou invenções sob as quais pretende-se escondê--la: há, pois, leis de contato, de atração e de repulsão, que formam uma verdadeira "física" da mentira. Com efeito, a verdade está presente no amado que mente; ele tem um conhecimento perma-nente dela, não a esquece, enquanto esquece rapidamente uma mentira improvisada. A coisa escondida age nele de tal maneira que de seu contexto ele extrai um pequeno fato verdadeiro desti-nado a garantir o conjunto da mentira. Mas é exatamente esse pe-queno fato que o trai, porque seus ângulos se adaptam mal ao res-to, revelando outra origem, um pertencimento a outro sistema; ou a coisa escondida age à distância, atrai o mentiroso que, incessan-temente, dela se aproxima. Ele traça assíntotas, acreditando tornar insignificante seu segredo através de alusões diminutivas, como Charlus dizendo: "eu que tenho procurado a beleza em todas as suas formas". Ou inventamos uma multidão de detalhes verossí-meis, porque acreditamos que a própria verossimilhança é uma aproximação do verdadeiro; mas o excesso de verossimilhança, como pés a mais num verso, trai nossa mentira e revela a presença do falso.

[20] AD, RIII, p. 596.
[21] AD, RIII, pp. 561-2.

Não apenas a coisa escondida permanece presente no mentiroso, "porque o mais perigoso de todos os encobrimentos é o da própria falta no espírito do culpado",[22] como também as coisas escondidas, não cessando de juntar-se umas às outras e de aumentar como uma negra bola de neve, fazem com que o mentiroso seja sempre traído: inconsciente dessa progressão, ele mantém a mesma distância entre aquilo que confessa e aquilo [97] que nega. Aumentando o que nega, ele confessa cada vez mais. A mentira perfeita suporia, no próprio mentiroso, uma prodigiosa memória voltada para o futuro, capaz de deixar traços no porvir, tanto quanto a verdade. E, sobretudo, a mentira teria de ser "total". Essas condições não são possíveis; assim as mentiras fazem parte dos signos, são precisamente os signos dessas verdades que elas pretendem ocultar. "Ilegíveis e divinos vestígios."[23] Ilegíveis, mas não inexplicáveis ou sem interpretação.

A mulher amada esconde um segredo, ainda que este seja conhecido de todos os outros. O amante, como um prepotente carcereiro, esconde a criatura amada. É preciso ser duro, cruel e pérfido com a pessoa que se ama. Na verdade, o amante mente tanto quanto a amada: ele a sequestra, evitando confessar-lhe seu amor, a fim de continuar melhor policial, melhor carcereiro. Ora, o essencial para a mulher é esconder a origem dos mundos que ela implica em si mesma, ponto de partida dos gestos, hábitos e gostos que ela temporariamente nos dedica. As mulheres amadas tendem para um segredo de Gomorra como para um pecado original: "a hediondez de Albertine".[24] Mas os próprios amantes têm um segredo correspondente, uma hediondez análoga. Consciente ou não, é o segredo de Sodoma. De modo que a verdade do amor é dualista e a série amorosa só é simples aparentemente, dividindo-se em duas séries mais profundas, representadas pela Srta. Vinteuil e por Charlus. O herói da *Recherche* tem, pois, duas revelações chocantes quando, em circunstâncias [98] semelhantes, surpreende a

[22] SG, RII, p. 715.
[23] CS, RI, p. 279.
[24] AD, RIII, p. 610.

Srta. Vinteuil e, depois, Charlus.[25] Que significam essas duas séries da homossexualidade?

Proust procura explicá-las na passagem de *Sodoma e Gomorra* em que aparece constantemente uma metáfora vegetal. A verdade do amor é, de início, a divisão dos sexos. Vivemos sob a predição de Sansão: "Os dois sexos morrerão cada um do seu lado".[26] Mas tudo se complica porque os sexos separados, divididos, coexistem no mesmo indivíduo: "Hermafroditismo inicial" como numa planta ou num caramujo, que não podem ser fecundados por si próprios, mas "podem sê-lo por outros hermafroditas".[27] Acontece, então, que o intermediário, em vez de assegurar a comunicação do macho e da fêmea, desdobra cada sexo em si mesmo. Símbolo de uma autofecundação, tanto mais comovente por ser homossexual, estéril, indireta. Mais do que uma aventura, é a própria essência do amor. O Hermafrodita original produz continuamente as duas séries homossexuais divergentes, separando os sexos em vez de reuni-los, de tal modo que os homens e as mulheres só aparentemente se cruzam. É necessário afirmar com relação a todos os amantes e a todas as mulheres amadas aquilo que só é evidente em certos casos especiais: os amantes "desempenham para a mulher que ama outras mulheres o papel de outra mulher, e a mulher lhes oferece ao mesmo tempo aproximadamente o que encontram eles no homem".[28] *[99]*

No amor, a essência se encarna a princípio nas leis da mentira, mas, em seguida, nos segredos da homossexualidade: a mentira não teria a generalidade que a torna essencial e significativa se não se referisse à homossexualidade como à verdade que ela encobre. Todas as mentiras se organizam e giram em torno dela, como em torno de seu eixo. A homossexualidade é a verdade do amor. Razão pela qual a série amorosa é realmente dupla: ela se organiza em duas séries que não encontram sua fonte apenas nas imagens

[25] SG, RII, p. 608.

[26] SG, RII, p. 616.

[27] SG, RII, p. 629.

[28] SG, RII, p. 622.

do pai e da mãe, mas numa continuidade filogenética mais profunda. O Hermafroditismo inicial é a lei contínua das séries divergentes; de uma série a outra vê-se constantemente o amor engendrar *signos* que são os de Sodoma e os de Gomorra.

Generalidade significa duas coisas: a lei de uma série (ou de várias séries) cujos termos diferem, ou o caráter de um grupo cujos elementos se assemelham. Sem dúvida, os grupos intervêm no amor. O amante extrai a criatura amada de um conjunto preliminar e interpreta os signos, que são, a princípio, coletivos. Ou melhor: as mulheres de Gomorra ou os homens de Sodoma emitem "signos astrais", através dos quais se reconhecem e formam as associações malditas que reproduzem as duas cidades bíblicas.[29] Acontece que o grupo não é essencial no amor; ele apenas proporciona as ocasiões. A verdadeira generalidade do amor *[100]* é serial: nossos amores só são profundamente vividos segundo as séries em que eles se organizam. O mesmo não acontece em relação à mundanidade. As essências ainda se encarnam nos signos mundanos, mas num último nível de contingência e de generalidade. Elas se encarnam imediatamente nas sociedades, sua generalidade é apenas uma generalidade de grupo: *o último grau da essência*.

Sem dúvida o "mundo" expressa forças sociais, históricas e políticas. Os signos mundanos, entretanto, são emitidos no vazio; assim atravessam distâncias astronômicas, que fazem com que a observação da mundanidade não se pareça absolutamente com um estudo microscópico, mas telescópico. Proust diz muitas vezes: em um certo nível das essências, o que interessa não é mais a individualidade, nem o detalhe, são as leis, as grandes distâncias e as grandes generalidades. O telescópio, não o microscópio.[30] Se isso já é verdade em relação ao amor, é com muito mais razão em relação ao mundo. O vazio é precisamente um meio portador de generalidade, meio físico privilegiado para a manifestação de uma

[29] SG, RII, p. 652.
[30] TR, RIII, p. 1041.

Série e grupo

lei. Uma cabeça oca apresenta melhores leis estatísticas do que uma matéria mais densa. "Os seres mais estúpidos manifestam nos gestos, nas palavras, nos sentimentos involuntariamente expressos, leis que não percebem mas deixam surpreender pelo artista."[31] Acontece, sem dúvida, que um gênio singular, uma alma dirigente presidam o curso dos astros, tal como Charlus. Mas, da mesma forma que os astrônomos deixaram de acreditar nas almas dirigentes, *[101]* também o mundo deixa de acreditar em Charlus. As leis que presidem as mudanças do mundo são leis mecânicas em que predomina o Esquecimento. (Em páginas célebres, Proust analisa o poder do esquecimento social, em função da evolução dos salões, desde o caso Dreyfus até a Guerra de 1914. Poucos textos comentam melhor a frase de Lênin sobre a capacidade que tem a sociedade de substituir "os velhos preconceitos apodrecidos" por novos preconceitos, ainda mais infames ou mais estúpidos.)

Vazio, burrice, esquecimento: essa é a trindade do grupo mundano. Mas com ela a mundanidade ganha velocidade, mobilidade na emissão dos signos, perfeição no formalismo e generalidade no sentido: coisas que formam um meio necessário ao aprendizado. À medida que a essência se encarna de modo cada vez mais fraco, os signos adquirem uma importância cômica. Provocam-nos uma espécie de exaltação nervosa cada vez mais exterior; excitam a inteligência para serem interpretados. Nada provoca tanto nossa curiosidade como saber o que se passa na cabeça de um tolo. Num grupo, aqueles que são como papagaios são também "aves proféticas": sua tagarelice assinala a presença de uma lei.[32] E se os grupos ainda fornecem uma rica matéria à interpretação é porque têm afinidades ocultas, um conteúdo propriamente inconsciente. As verdadeiras famílias, os verdadeiros meios, os verdadeiros grupos são os meios, os grupos "intelectuais", isto é, sempre pertencemos à sociedade de onde emanam as *[102]* ideias e os valores em que

[31] TR, RIII, p. 901.
[32] TR, RIII, p. 236.

acreditamos. Não é o menor erro de Taine ou de Sainte-Beuve terem invocado a influência imediata dos meios simplesmente físicos e reais. Na verdade, o intérprete deve recompor os grupos, neles descobrindo as famílias *mentais* a que estão ligados. Pode acontecer a duquesas ou ao Sr. de Guermantes de falarem como pequeno-burgueses: a lei da sociedade e, mais genericamente, a lei da linguagem é "que nos expressemos como as pessoas de nossa classe mental e não da nossa casta de origem".[33]

[33] TR, RIII, p. 900.

Capítulo VII
O PLURALISMO NO SISTEMA DOS SIGNOS
[103]

A *Recherche* se apresenta como um sistema de signos. Mas esse sistema é pluralista, não apenas porque a classificação dos signos utiliza critérios múltiplos, mas também porque devemos sempre conjugar dois pontos de vista distintos no estabelecimento desses critérios. Por um lado, devemos considerar os signos do ponto de vista do processo de um aprendizado. Qual é a potência e a eficácia de cada tipo de signo? Isto é, em que medida ele nos prepara para a revelação final? Que nos faz compreender, por si mesmo e imediatamente, por uma lei de progressão que difere segundo os tipos, e que se relaciona com outros tipos por regras variáveis? Por outro lado, devemos considerar os signos do ponto de vista da revelação final. Esta se confunde com a Arte, a mais alta espécie de signos. Mas, na obra de arte, todos os outros signos são *[104]* retomados, ocupam um lugar correspondente à eficácia que apresentavam na evolução do aprendizado, recebem até mesmo uma explicação final das características que então apresentavam, e que sentíamos sem poder compreendê-las totalmente.

Levando em consideração esses pontos de vista, o sistema utiliza sete critérios. Os cinco primeiros podem ser brevemente relembrados; os dois últimos têm consequências que devem ser desenvolvidas.

1º) *A matéria em que o signo é inscrito.* — Essas matérias são mais ou menos resistentes e opacas, mais ou menos desmaterializadas, mais ou menos espiritualizadas. Os signos mundanos são mais materiais por evoluírem no vazio. Os signos amorosos são inseparáveis da força de um rosto, da textura de uma pele, da forma e do colorido de uma face: coisas que só se espiritualizam quando a criatura amada dorme. Os signos sensíveis ainda são qualidades materiais, sobretudo os odores e os sabores. Somente na Arte é que o signo se torna imaterial, ao mesmo tempo que seu sentido se torna espiritual.

2°) *A maneira como alguma coisa é emitida e apreendida como signo, mas também os perigos (que disso decorrem) de uma interpretação ora objetivista, ora subjetivista.* — Cada tipo de signo nos remete ao objeto que o emite como também ao sujeito que o apreende e o interpreta. A princípio acreditamos que é preciso ver e escutar; ou que é preciso confessar (render homenagem ao objeto), como no amor; ou que é necessário observar e descrever a coisa sensível; e trabalhar, fazer um esforço de pensamento para apreender significações e valores [105] objetivos. Decepcionados, nos lançamos no jogo das associações subjetivas. Entretanto, para cada espécie de signo, esses dois momentos do aprendizado têm um ritmo e relações específicas.

3°) *O efeito do signo sobre nós, o tipo de emoção que suscita.* — Exaltação nervosa dos signos mundanos; angústia e sofrimento dos signos amorosos; alegria extraordinária dos signos sensíveis (onde a angústia, entretanto, ainda desponta como a contradição subsistente do ser e do nada); alegria pura dos signos da arte.

4°) *A natureza do sentido, e a relação do signo com o sentido.* — Os signos mundanos são vazios; substituem a ação e o pensamento, pretendem valer por seu sentido. Os signos amorosos são enganadores: seu sentido se encontra na contradição daquilo que revelam e do que pretendem esconder. Os signos sensíveis são verídicos, mas neles permanece a oposição da sobrevivência e do nada; e seu sentido ainda é material, reside em outra coisa. Entretanto, na medida em que nos elevamos até a arte, a relação do signo com o sentido se torna cada vez mais próxima e íntima. A arte é a bela unidade final de um signo imaterial e de um sentido espiritual.

5°) *A principal faculdade que explica ou interpreta o signo, que desenvolve seu sentido.* — A inteligência para os signos mundanos; também a inteligência, mas de forma diferente, para os signos amorosos (o esforço da inteligência não é mais suscitado por uma exaltação que precisa ser acalmada, mas pelos sofrimentos da sensibilidade, que se deve transmutar em alegria). Para os signos sensíveis, ora a memória involuntária, ora a imaginação, *[106]* tal como nasce do desejo. Para os signos da arte, o pensamento puro como faculdade das essências.

6°) *As estruturas temporais ou as linhas de tempo implicadas no signo e o tipo correspondente de verdade.* — Sempre é preciso tempo para a interpretação de um signo, o tempo é sempre o de uma interpretação, isto é, de um desenvolvimento. No caso dos signos mundanos, perde-se tempo porque esses signos são vazios e reaparecem intactos ou idênticos no final de seu desenvolvimento. Como um monstro, como uma espiral, eles renascem de suas metamorfoses. Também existe uma verdade do tempo que se perde, como um amadurecimento do intérprete, que não permanece idêntico. Com os signos amorosos, estamos, sobretudo, no tempo perdido: tempo que altera os seres e as coisas e que os faz passar. Neles ainda há uma verdade, verdades desse tempo perdido. Mas não apenas a verdade do tempo perdido é múltipla, aproximativa, equívoca, como também só a apreendemos no momento em que ela deixou de nos interessar, quando o eu do intérprete, o Eu que amava, já desapareceu. Assim acontece tanto com Gilberte como com Albertine: no que diz respeito ao amor, a verdade sempre aparece tarde demais. O tempo do amor é um tempo perdido, porque o signo só se desenvolve na medida em que desaparece o eu que correspondia ao seu sentido. Os signos sensíveis nos apresentam uma nova estrutura do tempo: tempo que se redescobre no âmago do próprio tempo perdido, imagem da eternidade. É que os signos sensíveis (por oposição aos signos amorosos) têm o poder seja de suscitar, pelo desejo e pela imaginação, seja de ressuscitar, *[107]* pela memória involuntária, o Eu que corresponde ao seu sentido. Finalmente, os signos da arte definem o tempo redescoberto: tempo primordial absoluto, verdadeira eternidade que reúne o sentido e o signo.

Tempo que se perde, tempo perdido, tempo que se redescobre e tempo redescoberto são as quatro linhas do tempo. Mas se pode

O pluralismo no sistema dos signos

notar que, se cada tipo de signos tem sua linha particular, ele participa das outras linhas, entrecruzando-se com elas ao se desenvolver. *É, portanto, nas linhas do tempo que os signos interferem uns nos outros e multiplicam suas combinações.* O tempo que se perde se prolonga em todos os outros signos, com exceção dos da arte. Inversamente, o tempo perdido já se encontra nos signos mundanos, alterando-os e comprometendo sua identidade formal. Também já está subjacente nos signos sensíveis, introduzindo um sentimento de nada, até mesmo nas alegrias da sensibilidade. Por sua vez, o tempo que se redescobre não é estranho ao tempo perdido: nós o redescobrimos no próprio âmago do tempo perdido. Enfim, o tempo redescoberto da arte engloba e compreende todos os outros, pois é unicamente nele que cada linha de tempo encontra sua verdade, seu lugar e seu resultado do ponto de vista da verdade.

De determinado ponto de vista, cada linha de tempo vale por si mesma ("Todos esses planos diferentes, segundo os quais o Tempo, desde que eu acabara de recuperá-lo nesta festa, dispunha minha vida...").[1] Essas estruturas temporais são, portanto, como "séries diferentes e paralelas".[2] Mas esse paralelismo ou essa *[108]* autonomia das séries não excluem, de outro ponto de vista, uma espécie de hierarquia. De uma linha a outra, a relação entre o signo e o sentido se faz mais íntima, mais necessária e mais profunda. De cada vez recuperamos na linha superior o que estava perdido nas outras, tudo se passa como se as linhas do tempo se partissem, encaixando-se umas nas outras. Assim, é o próprio Tempo que é serial; cada aspecto do tempo passa a ser, desde então, um termo da série temporal absoluta, remetendo a um Eu que dispõe de um campo de exploração cada vez mais vasto, cada vez mais individualizado. O tempo primordial da arte imbrica todos os tempos, o Eu absoluto da Arte engloba todos os Eus.

7º) *A essência.* — Dos signos mundanos aos signos sensíveis, a relação do signo com seu sentido é cada vez mais íntima. Assim

[1] TR, RIII, p. 1031.
[2] SG, RII, p. 757.

se delineia o que os filósofos chamariam de uma "dialética ascendente". Mas apenas no nível mais profundo, no nível da arte, a Essência é revelada: como a razão dessa relação e de suas variações. Então, a partir dessa revelação final, podemos descer os níveis. Não que tenhamos de retornar à vida, ao amor, à mundanidade, mas descemos a série do tempo, consignando, a cada linha temporal e a cada espécie de signos, a verdade que lhes é própria. Quando atingimos a revelação da arte, aprendemos que a essência já se encontrava nos níveis mais baixos. Era ela que, em cada caso, determinava a relação do signo com seu sentido. Essa relação era tanto mais forte quanto a essência se encarnava com mais necessidade [109] e individualidade; ao contrário, tanto mais enfraquecida quanto a essência apresentava maior generalidade e se encarnava em dados mais contingentes. Assim, na arte, a própria essência individualiza o sujeito em que se incorpora e determina de modo absoluto os objetos que a exprimem. Nos signos sensíveis, entretanto, a essência começa a adquirir um mínimo de generalidade, sua encarnação depende de dados contingentes e de determinações exteriores. Sobretudo nos signos do amor e nos signos mundanos: sua generalidade é, então, uma generalidade de série ou uma generalidade de grupo; sua seleção remete cada vez mais a determinações objetivas extrínsecas e mecanismos subjetivos de associação. Por essa razão, não podíamos compreender imediatamente que as Essências já animavam os signos mundanos, os signos amorosos, os signos sensíveis. Mas quando os signos da arte nos revelam a essência, reconhecemos seu efeito nos outros campos. Sabemos reconhecer as marcas de seu esplendor atenuado, enfraquecido. Estamos, então, em condições de dar à essência o que lhe pertence e de recuperar todas as verdades do tempo, como também todas as espécies de signos, para fazer delas partes integrantes da própria obra de arte.

Implicação e explicação, envolvimento e desenvolvimento, tais são as categorias da *Recherche*. Por um lado, o sentido é implicado no signo; é como que uma coisa enrolada em outra. O prisioneiro, a alma prisioneira significam que há sempre um encaixe, um enrolamento do diverso. Os signos emanam de objetos que são como caixas ou vasos fechados. Os objetos retêm uma alma cativa, *[110]* a alma de outra coisa que se esforça para entreabrir a tampa.[3] Proust gosta da "crença céltica de que as almas daqueles a quem perdemos se acham cativas em algum ser inferior, num animal, num vegetal, numa coisa inanimada; efetivamente perdidas, para nós, até o dia, que para muitos nunca chega, em que nos acontece passar por perto da árvore, entrar na posse do objeto que lhe serve de prisão".[4] Mas às metáforas de implicação correspondem, por outro lado, as imagens de explicação. Pois o signo se desenvolve, se desenrola ao mesmo tempo que é interpretado. O amante ciumento desenvolve os mundos possíveis encerrados na pessoa amada. O homem sensível libera as almas implicadas nas coisas, mais ou menos como quem vê os pedaços de papel do jogo japonês desdobrando-se na água, estirando-se ou explicando-se, ao formar flores, casas e personagens.[5] O próprio sentido se confunde com esse desenvolvimento do signo, como o signo se confundia com o enrolamento do sentido. Assim, a Essência é, finalmente, o terceiro termo que domina os dois outros, que dirige seu movimento: a essência complica o signo e o sentido, ela os mantém complicados, põe um no outro. Ela mede, em cada caso, a relação entre o signo e o sentido, seu grau de afastamento ou de proximidade, seu grau de unidade. Sem dúvida o signo, por si próprio, não se reduz ao objeto, mas ainda está parcialmente contido nele. Sem dúvida o sentido, por si próprio, não se reduz ao sujeito, mas depende parcialmente do sujeito, das circunstâncias *[111]* e das associações subjetivas. Além do signo e do sentido, há a Essência como razão suficiente dos dois outros termos e de sua relação.

O essencial na *Recherche* não é a memória nem o tempo, mas o signo e a verdade. O essencial não é se lembrar, mas aprender; porque a memória só vale como uma faculdade capaz de interpretar certos signos e o tempo só vale como a matéria ou o tipo dessa ou daquela verdade. E a lembrança, ora voluntária, ora involuntária, só intervém em momentos precisos do aprendizado, para

[3] CS, RI, p. 170.

[4] CS, RI, p. 44.

[5] CS, RI, p. 47.

contrair o efeito ou para abrir novos caminhos. As noções da *Recherche* são: o signo, o sentido, a essência; a continuidade dos aprendizados e o modo brusco das revelações. Que Charlus seja homossexual é surpreendente; mas era preciso o amadurecimento progressivo e contínuo do intérprete, e depois o salto qualitativo para um novo saber, para um novo campo de signos. Os *leitmotive* da *Recherche* são: eu ainda não sabia; eu compreenderia mais tarde; quando deixava de aprender, eu não me interessava mais. Os personagens da *Recherche* só adquirem importância quando emitem signos a serem decifrados, num ritmo de tempo mais ou menos profundo. A avó, Françoise, a Sra. de Guermantes, Charlus, Albertine só valem pelo que nos ensinam. "A alegria com a qual fiz meu primeiro aprendizado quando Françoise...", "com Albertine eu não tinha nada mais a aprender..."

Há uma visão proustiana do mundo que se define, em princípio, por aquilo que exclui: nem matéria bruta, nem espírito voluntário; nem física, nem filosofia. A filosofia supõe enunciados diretos e *[112]* significações explícitas saídos de um espírito que quer a verdade. A física supõe uma matéria objetiva e não ambígua, sujeita às condições do real. Erramos quando acreditamos nos fatos: só há signos. Erramos quando acreditamos na verdade: só há interpretações. O signo tem um sentido sempre equívoco, implícito e implicado. "Eu seguira em minha vida um caminho inverso ao dos povos, que só se servem da escrita fonética depois de terem considerado os caracteres como uma sequência de símbolos."[6] O que reúne o perfume de uma flor e o espetáculo de um salão, o gosto de uma *madeleine* e a emoção de um amor é o signo, e o aprendizado correspondente. O perfume de uma flor quando esta emite um signo ultrapassa, ao mesmo tempo, tanto as leis da matéria quanto as categorias do espírito. Não somos físicos nem metafísicos: devemos ser egiptólogos. Pois não há leis mecânicas entre as coisas, nem comunicações voluntárias entre os espíritos; tudo é implicado, complicado, tudo é signo, sentido, essência. Tudo existe nessas zonas obscuras em que penetramos como em criptas, pa-

---

[6] P, RIII, p. 88.

ra aí decifrar hieróglifos e linguagens secretas. O egiptólogo, em todas as coisas, é aquele que faz uma iniciação, o aprendiz.

Não existem coisas nem espíritos, só existem corpos: corpos astrais, corpos vegetais... A biologia teria razão se soubesse que os corpos em si mesmos já são linguagem. Os linguistas teriam razão se soubessem que a linguagem é sempre a dos corpos. Todo sintoma é uma palavra, mas, antes de tudo, todas *[113]* as palavras são sintomas. "As próprias palavras só me esclareciam à condição de serem interpretadas como um afluxo de sangue nas faces de uma pessoa que se perturba, ou ainda como um silêncio súbito."[7] Não devemos estranhar que o histérico faça seu corpo falar. Ele redescobre uma linguagem primitiva, a verdadeira linguagem dos símbolos e dos hieróglifos. Seu corpo é um Egito. As mímicas da Sra. Verdurin, seu medo de que o queixo se desloque, suas atitudes artistas que parecem as de uma pessoa que dorme, seu nariz gomenolado formam um alfabeto para os iniciados. *[114]*

[7] P, RIII, p. 88.

Conclusão
A IMAGEM DO PENSAMENTO
[115]

Se o tempo tem importância tão grande na *Recherche*, é porque toda verdade é verdade do tempo. Mas a *Recherche* é antes de tudo busca da verdade. Com isso se manifesta toda a dimensão "filosófica" da obra de Proust, em rivalidade com a filosofia. Proust cria uma imagem do pensamento que se opõe à da filosofia, combatendo o que há de mais essencial numa filosofia clássica de tipo racionalista: seus pressupostos. O filósofo pressupõe de bom grado que o espírito como espírito, o pensador como pensador, quer o verdadeiro, ama ou deseja o verdadeiro, procura naturalmente o verdadeiro. Ele antecipadamente se confere uma boa vontade de pensar: toda a sua busca é baseada numa "decisão premeditada". Daí decorre o método da filosofia: de determinado ponto de vista, a busca da verdade seria a coisa mais natural e mais fácil possível; bastaria uma decisão e um método capaz de vencer as influências exteriores que desviam o pensamento de sua *[116]* vocação e fazem com que ele tome o falso por verdadeiro. Tratar-se-ia de descobrir e organizar as ideias segundo uma ordem que seria a do pensamento, como significações explícitas ou verdades formuladas que viriam completar a busca e assegurar o acordo entre os espíritos.

Na palavra "filósofo" existe "amigo". É significativo que Proust faça a mesma crítica à filosofia e à amizade. Os amigos são, um em relação ao outro, como que espíritos de boa vontade que concordam a respeito da significação das coisas e das palavras, comunicando-se sob o efeito de uma boa vontade comum. A filosofia é como a expressão de um Espírito universal que concorda consigo mesmo para determinar significações explícitas e comunicáveis. A crítica de Proust toca no essencial: as verdades permanecem arbitrárias e abstratas enquanto se fundam na boa vontade de pensar. Só o convencional é explícito. Razão pela qual a filosofia, como a amizade, ignora as zonas obscuras em que são elaboradas as forças efetivas que agem sobre o pensamento, as determinações que nos *forçam* a pensar. Não basta uma boa vontade nem um método bem elaborado para ensinar a pensar, como não basta um amigo para nos aproximarmos do verdadeiro. Os espíritos só se comunicam no convencional; o espírito só engendra o possível. Às verdades da filosofia faltam a necessidade e a marca da necessidade. De fato, a verdade não se dá, se trai; não se comunica, se interpreta; não é voluntária, é involuntária.

O grande tema do Tempo redescoberto é o seguinte: a busca da verdade é a aventura própria do involuntário. *[117]* Sem algo que force a pensar, sem algo que violente o pensamento, este nada significa. Mais importante do que o pensamento é o que "faz pensar"; mais importante do que o filósofo é o poeta. Victor Hugo faz filosofia em seus primeiros poemas, porque "ele ainda pensa, em vez de se contentar, como faz a natureza, com fazer pensar".[1] Mas o poeta aprende que o essencial está fora do pensamento, naquilo que força a pensar. O *leitmotiv* do Tempo redescoberto é a palavra *forçar*: impressões que nos forçam a olhar, encontros que nos forçam a interpretar, expressões que nos forçam a pensar.

"As verdades que a inteligência apreende direta e claramente no mundo da plena luz têm algo de menos profundo, de menos *necessário* do que as que a vida nos comunica à nossa *revelia* em uma impressão, material porque entrou pelos sentidos, mas da qual podemos extrair o espírito... Era preciso tentar interpretar as sensações como *signos* de leis e de ideias, procurando pensar, isto é, fazer sair da penumbra o que eu tinha sentido, convertê-lo em um equivalente espiritual... Tratando-se de reminiscências como o barulho do garfo e o sabor da *madeleine*, ou de verdades escritas por figuras cujo sentido eu buscava em minha cabeça, onde campanários, arbustos compunham um alfarrábio complicado e florido, a primeira característica delas era que eu não tinha *liberdade* de escolhê-las, simplesmente elas me eram dadas. E sentia que isso devia ser a marca de *[118]* autenticidade delas. *Não procurara* as

[1] CG, RII, p. 549.

duas pedras em que tropeçara no pátio. Mas o modo *fortuito, inevitável* como a sensação fora *encontrada* controlava a verdade de um passado que ela ressuscitava, das imagens que desencadeava, pois sentimos seu esforço para se elevar até a luz, sentimos a alegria do real redescoberto... Do livro interior desses *signos* desconhecidos (*signos* que pareciam em relevo, que minha atenção procurava, roçava, contornava como um mergulhador em suas sondagens) ninguém me poderia, com regra alguma, facilitar a leitura, leitura que consistia num ato criador em que ninguém pode nos substituir nem mesmo colaborar conosco... As ideias formadas pela inteligência pura têm apenas uma verdade lógica, uma verdade possível, sua escolha é arbitrária. O livro de caracteres figurados, *não traçados por nós*, é nosso único livro. Não que as ideias que formamos não possam ser justas logicamente, mas não sabemos se são verdadeiras. Só a impressão, por insignificante que seja sua matéria, por inverossímeis que sejam seus traços, é um critério de verdades e apenas por isso merece ser apreendida pelo espírito, pois, somente ela é capaz, se ele souber extrair essa verdade, de conduzi-lo a uma maior perfeição e lhe dar uma pura alegria."[2]

O que nos força a pensar é o signo. O signo é o objeto de um encontro; mas é a contingência do encontro que garante a necessidade daquilo que ele faz pensar. O ato de pensar não decorre de uma simples possibilidade natural; é, ao contrário, a única criação verdadeira. A criação *[119]* é a gênese do ato de pensar no próprio pensamento. Ora, essa gênese implica alguma coisa que violenta o pensamento, que o tira de seu natural estupor, de suas possibilidades apenas abstratas. Pensar é sempre interpretar, isto é, explicar, desenvolver, decifrar, traduzir um signo. Traduzir, decifrar, desenvolver são a forma da criação pura. Nem existem significações explícitas nem ideias claras, só existem sentidos implicados nos signos; e se o pensamento tem o poder de explicar o signo, de desenvolvê-lo em uma Ideia, é porque a Ideia já está presente no signo, em estado envolvido e enrolado, no estado obscuro daquilo que força a pensar. Só procuramos a verdade no tempo, coagidos e forçados. Quem procura a verdade é o ciumento que descobre

[2] TR, RIII, pp. 878-80.

Conclusão: A imagem do pensamento

um signo mentiroso no rosto do ser amado; é o homem sensível quando encontra a violência de uma impressão; é o leitor, o ouvinte, quando a obra de arte emite signos, o que o forçará talvez a criar, como o apelo do gênio a outros gênios. As comunicações da amizade tagarela nada são em comparação com as interpretações silenciosas de um amante. A filosofia, com todo o seu método e a sua boa vontade, nada significa diante das pressões secretas da obra de arte. A criação, como gênese do ato de pensar, sempre partirá dos signos. A obra de arte não só nasce dos signos como os faz nascer; o criador é como o ciumento, divino intérprete que vigia os signos pelos quais a verdade *se trai*.

A aventura do involuntário se encontra no nível de cada faculdade. Os signos mundanos e os signos amorosos são interpretados *[120]* pela inteligência de duas maneiras diferentes. Mas não se trata mais aqui da inteligência abstrata e voluntária, que pretende encontrar por si mesma verdades lógicas, ter sua própria ordem e se antecipar às pressões que surgem de fora. Trata-se de uma inteligência involuntária que sofre a pressão dos signos e só se anima para interpretá-los, para conjurar assim o vazio em que ela se asfixia, o sofrimento que a sufoca. Tanto na ciência quanto na filosofia, a inteligência vem sempre antes; mas a especificidade dos signos é que eles recorrem à inteligência considerada como algo que vem depois, que deve vir depois.[3] O mesmo acontece com a memória. Os signos sensíveis nos forçam a procurar a verdade, mas mobilizam uma memória involuntária (ou uma imaginação involuntária nascida do desejo). Finalmente, os signos da arte nos forçam a pensar: eles mobilizam o pensamento puro como faculdade das essências. Eles desencadeiam no pensamento o que menos depende de sua boa vontade: o próprio ato de pensar. Os signos mobilizam, coagem uma faculdade: inteligência, memória ou imaginação. Essa faculdade, por sua vez, põe o pensamento em movimento, força-o a pensar a essência. Sob os signos da arte aprendemos o que é o pensamento puro como faculdade das essências e como a inteligência, a memória ou a imaginação o diversificam com relação aos outros tipos de signos.

[3] TR, RIII, p. 880.

Voluntário e involuntário não designam faculdades diferentes, mas um exercício diferente das mesmas faculdades. A percepção, a memória, a imaginação, a inteligência, o próprio pensamento só têm [121] um exercício contingente quando se exercem voluntariamente; então, aquilo que percebemos poderia também ser lembrado, imaginado, concebido, e vice-versa. A percepção não nos dá nenhuma verdade profunda, nem a memória voluntária nem o pensamento voluntário: apenas verdades possíveis. Nada nos força a interpretar alguma coisa, nada nos força a decifrar a natureza de um signo, nada nos força a mergulhar como "um mergulhador em suas sondagens". Todas as faculdades se exercem harmoniosamente, mas uma substituindo a outra, no arbitrário e no abstrato. Ao contrário, cada vez que uma faculdade toma sua forma involuntária ela descobre e atinge seu próprio limite, eleva-se a um exercício transcendente, compreende sua própria necessidade como sua potência insubstituível; deixa de ser permutável. Em vez de uma percepção indiferente, uma sensibilidade que apreende e recebe os signos: o signo é o limite dessa sensibilidade, sua vocação, seu exercício extremo. Em vez de uma inteligência voluntária, de uma memória voluntária, de uma imaginação voluntária, todas essas faculdades surgem em sua forma involuntária e transcendente, quando então cada uma descobre aquilo que só ela tem o poder de interpretar, cada uma explica um tipo de signo que especificamente lhe violenta. O exercício involuntário é o limite transcendente ou a vocação de cada faculdade. Em vez do pensamento voluntário, tudo que força a pensar, tudo que é forçado a pensar, todo pensamento involuntário que só pode pensar a essência. Só a sensibilidade apreende o signo como tal; só a inteligência, a memória ou a imaginação explicam o sentido, cada uma segundo um tipo de signo; só [122] o pensamento puro descobre a essência, é forçado a pensar a essência como a razão suficiente do signo e de seu sentido.

É possível que a crítica da filosofia, tal como Proust a realiza, seja eminentemente filosófica. Que filósofo não desejaria construir uma imagem do pensamento que não dependesse mais de uma boa vontade do pensador e de uma decisão premeditada? Sempre que se sonha com um pensamento concreto e perigoso, sabe-se muito bem que ele não depende de uma decisão nem de um método explícitos, mas de uma violência encontrada, refratada, que nos conduz, independentemente de nossa vontade, até as Essências. Pois as essências vivem em zonas obscuras, nunca nas regiões temperadas do claro e do distinto. Elas estão enroladas naquilo que força a pensar; não respondem ao nosso esforço voluntário; só se deixam pensar quando somos coagidos a fazê-lo.

Proust é platônico, e não vagamente porque invoca as essências ou as Ideias a propósito da pequena frase de Vinteuil. Platão constrói uma imagem do pensamento sob o signo dos encontros e das violências. Em certa passagem da *República*, Platão distingue duas espécies de coisas no mundo: as que deixam o pensamento inativo ou lhe dão apenas o pretexto de uma aparência de atividade e as que fazem pensar, que forçam a pensar.[4] As primeiras são os objetos de recognição; todas as faculdades se exercem sobre os objetos, mas num exercício *[123]* contingente que nos faz dizer "é um dedo", é uma maçã, é uma casa... Outras coisas, ao contrário, nos forçam a pensar: não mais objetos *reconhecíveis*, mas coisas que violentam, signos *encontrados*. São "percepções contrárias ao mesmo tempo", diz Platão. (Proust dirá: sensações comuns a dois lugares, a dois momentos.) O signo sensível nos violenta: mobiliza a memória, põe a alma em movimento; mas a alma, por sua vez, impulsiona o pensamento, lhe transmite a pressão da sensibilidade, força-o a pensar a essência como a única coisa que deva ser pensada. Assim, as faculdades entram num exercício transcendente em que cada uma afronta e encontra seu limite próprio: a sensibilidade, que apreende o signo; a alma, a memória, que o interpreta; o pensamento, forçado a pensar a essência. Com justa razão pode Sócrates dizer: sou o Amor mais do que o amigo, sou o amante; sou a arte mais do que a filosofia; sou o torpedo, a coação e a violência, mais do que a boa vontade. *O Banquete, Fedro* e *Fédon* são os três grandes estudos sobre os signos.

[4] Platão, *República*, VII, 523b-525b.

Mas o demônio socrático, a ironia, consiste em antecipar os encontros. Em Sócrates, a inteligência ainda precede os encontros; provoca-os, suscita-os, organiza-os. O humor de Proust é de outra natureza: o humor judeu contra a ironia grega. É preciso ser dotado para os signos, predispor-se ao seu encontro, expor-se à sua violência. A inteligência vem sempre depois; ela é boa quando vem depois, só é boa quando vem depois. Vimos como essa diferença com relação ao platonismo acarreta muitas outras. *[124] Não há Logos, só há hieróglifos.* Pensar é, portanto, interpretar, traduzir. As essências são, ao mesmo tempo, a coisa a traduzir e a própria tradução; o signo e o sentido. Elas se enrolam no signo para nos forçar a pensar, e se desenrolam no sentido para serem necessariamente pensadas. Sempre o hieróglifo, cujo duplo símbolo é o acaso do encontro e a necessidade do pensamento: "fortuito e inevitável".

Conclusão: A imagem do pensamento

Segunda parte

A MÁQUINA LITERÁRIA

[125]

Capítulo I
ANTILOGOS
[127]

Proust vive, a seu modo, a oposição entre Atenas e Jerusalém. No decorrer da *Recherche* ele elimina muitas coisas ou muitas pessoas que aparentemente formam uma mistura heteróclita: os observadores, os amigos, os filósofos, os tagarelas, os homossexuais à grega, os intelectuais e os voluntariosos. Mas todos eles participam do *logos* e são, sob diversos aspectos, os personagens de uma mesma dialética universal: a dialética como Conversa entre Amigos, em que todas as faculdades se exercem voluntariamente e colaboram, sob a égide da Inteligência, para ligar a observação das Coisas, a descoberta das Leis, a formação das Palavras, a análise das Ideias e tecer continuamente o vínculo entre a Parte e o Todo e entre o Todo e a Parte. Observar cada coisa como um todo e depois pensá-la, por sua lei, como parte de um todo, ele mesmo presente, por sua Ideia, em cada uma das partes. Não será o *logos* universal, o gosto pela totalização, que se encontra, de diferentes modos, na conversa dos amigos, na verdade racional *[128]* e analítica dos filósofos, no procedimento dos sábios, na obra de arte premeditada dos literatos, no simbolismo convencional das palavras que todos empregam?[1]

No *logos* há um aspecto, por mais oculto que esteja, pelo qual a Inteligência vem sempre *antes*, pelo qual o todo já se encontra presente e a lei já é conhecida antes daquilo a que se vai aplicá-la: passe de mágica dialético, em que nada mais se faz do que reen-

---

[1] A dialética não é separável dessas características extrínsecas; é assim que Bergson a define pelas duas características da conversa entre amigos e da significação convencional das palavras na cidade (cf. *La pensée et le mouvant*, Paris, Presses Universitaires de France, 1962, pp. 86-8).

contrar o que já estava dado de antemão e de onde se tiram as coisas que aí tinham sido colocadas. (Reconhecem-se restos de um *Logos* em Sainte-Beuve e seu detestável método, quando interroga os amigos de um autor para avaliar a obra como produto de uma família, de uma época e de um meio, mesmo que considere, por sua vez, a obra como um todo que reage sobre o meio. Método que o levou a considerar Baudelaire e Stendhal um pouco como Sócrates considerou Alcibíades: gentis rapazes que merecem ser conhecidos. E Goncourt dispõe ainda das migalhas do *logos* quando observa o banquete dos Verdurin e os convidados reunidos "para conversas de alto nível, entremeadas de jogos inocentes".)[2]

A *Recherche* é construída sobre uma série de oposições. À observação Proust opõe a sensibilidade; à filosofia, o pensamento; à reflexão, a tradução; *[129]* ao uso lógico ou conjunto de todas as nossas faculdades, que a inteligência precede e faz convergir na ficção de uma "alma total", um uso dislógico e disjunto que mostra que nunca dispomos de todas as faculdades ao mesmo tempo e que a inteligência vem sempre depois.[3] E também: à amizade opõe-se o amor; à conversa, a interpretação silenciosa; à homossexualidade grega, a judia (a maldita); às palavras, os nomes; às significações explícitas, os signos implícitos e os sentidos enrolados. "Eu seguira em minha vida uma marcha inversa à dos povos, que não se servem da escrita fonética senão depois de só terem considerado os caracteres como uma sequência de símbolos; eu, que durante tantos anos não buscara a vida e o pensamento reais das pessoas senão no enunciado direto que elas me forneciam voluntariamente, chegara, por culpa delas, a, ao contrário, só dar importância aos testemunhos que não são uma expressão racional e analítica da verdade; as próprias palavras só adquiriam sentido para mim à condição de serem interpretadas como um afluxo de sangue no rosto de uma pessoa que se perturba, ou ainda como

[2] TR, RIII, p. 713. É nesse pastiche de Goncourt que Proust leva às últimas consequências sua crítica à *observação*, que constitui um dos temas constantes da *Recherche*.

[3] SG, RII, p. 756; sobre a inteligência que deve vir *depois*, cf. TR, RIII, p. 880, e todo o prefácio de *Contre Sainte-Beuve*.

um silêncio súbito."[4] Não que Proust substitua a lógica do Verdadeiro por uma simples psicofisiologia dos motivos. É o ser da verdade que nos força a procurá-la onde ela reside, no que está implicado ou complicado, e não nas imagens claras e nas ideias manifestas da inteligência. *[130]*

Consideremos três personagens secundários da *Recherche* que, por certos aspectos, estão ligados ao *logos*: Saint-Loup, intelectual ávido de amizade; Norpois, obcecado pelas significações convencionais da diplomacia; Cottard, que escondeu sua timidez com a máscara fria do discurso científico autoritário. Ora, cada um deles revela, a seu modo, a falência do *logos* e só tem valor por sua familiaridade com signos mudos, fragmentários e subjacentes, que os integram nessa ou naquela parte da *Recherche*. Cottard, imbecil iletrado, encontra sua genialidade no diagnóstico, isto é, na interpretação das síndromes equívocas.[5] Norpois sabe que as convenções da diplomacia, como as da mundanidade, mobilizam e restituem signos puros sob as significações explícitas empregadas.[6] Saint-Loup explica que a arte da guerra depende menos da ciência e do raciocínio do que da penetração de signos sempre parciais, signos ambíguos que envolvem fatores heterogêneos ou até mesmo signos falsos destinados a enganar o adversário.[7] Não há *logos* da guerra, da política ou da cirurgia, mas apenas códigos enrolados em matérias e fragmentos não totalizáveis que fazem do estrategista, do diplomata *[131]* e do médico pedaços mal ajustados de um divino intérprete, mais próximo da Sra. de Thebes do que de um mestre da dialética. Proust sempre contrapõe o mundo

[4] P, RIII, p. 88.

[5] JF, RI, pp. 433, 497-9.

[6] CG, RII, p. 260: "O Sr. de Norpois, ansioso com o rumo que iam tomar os acontecimentos, sabia muito bem que não era com a palavra 'Paz' ou com a palavra 'Guerra' que eles lhe seriam notificados, mas com outra, banal em aparência, terrível ou bendita, que o diplomata, com auxílio de seu código, saberia imediatamente ler, e à qual responderia, para salvaguardar a dignidade da França, com outra palavra igualmente banal, mas por baixo da qual o ministro da nação inimiga veria logo: Guerra".

[7] CG, RII, p. 114.

dos signos e dos sintomas ao mundo dos atributos, o mundo do *pathos* ao mundo do *Logos*, o mundo dos hieróglifos e dos ideogramas ao mundo da expressão analítica, da escritura fonética e do pensamento racional. São constantemente recusados por ele grandes temas herdados dos gregos: o *philos*, a *sophia*, o *diálogo*, o *logos*, a *phoné*. E somente os ratos que aparecem em nossos pesadelos "fazem discursos ciceronianos". O mundo dos signos opõe-se ao *logos* de cinco pontos de vista: pela figura das partes que os signos recortam no mundo, pela natureza da lei que revelam, pelo uso das faculdades que requerem, pelo tipo de unidade que deles decorre e pela estrutura da linguagem que os traduz e interpreta. É de todos esses pontos de vista — partes, lei, uso, unidade, estilo — que é preciso confrontar e opor o signo e o *logos*, o *pathos* e o *logos*.

Vimos, no entanto, que havia um platonismo proustiano: toda a *Recherche* é uma experimentação das reminiscências e das essências. Sabemos, também, que o uso disjunto das faculdades em seu exercício involuntário tem como modelo Platão, quando ele apresenta uma sensibilidade que se expõe à violência dos signos, uma alma memorante que os interpreta e encontra seu sentido, um pensamento inteligente que descobre a essência. Entretanto, há uma diferença evidente: a reminiscência platônica tem como [132] ponto de partida qualidades ou relações sensíveis apreendidas umas nas outras, tomadas em seu devir, em sua variação, em sua posição instável, em sua "fusão mútua" (como o igual que, sob certos aspectos, é desigual, o grande que se torna pequeno, o pesado que é inseparável do leve...). Mas esse devir qualitativo representa um estado de coisas, um estado do mundo que, mais ou menos e segundo suas forças, imita a Ideia. E a Ideia como ponto de chegada da reminiscência é a Essência estável, a coisa em si separando os contrários, introduzindo no todo a justa medida (a igualdade que só é igual). Razão pela qual a Ideia vem sempre "antes", é sempre pressuposta, mesmo quando só é descoberta depois. O ponto de partida só vale por sua capacidade de já imitar o ponto de chegada, de tal modo que o uso disjunto das faculdades é apenas um "prelúdio" à dialética que os reúne em um mesmo *Logos*, um pouco como a construção dos arcos do círculo prepara a volta do círculo inteiro. Como diz Proust, resumindo toda a sua crítica à dialética: a inteligência vem sempre antes.

Não é absolutamente o que acontece na *Recherche*: o devir qualitativo, a mútua fusão, "a instável oposição" são inscritos num *estado d'alma* e não num estado de coisas ou do mundo. Um raio oblíquo do sol poente, um perfume, um sabor, uma corrente de ar, um complexo qualitativo efêmero são valorizados apenas pelo "lado subjetivo" em que penetram. É por essa razão que a reminiscência intervém: a qualidade é inseparável de uma cadeia de associação subjetiva que não estamos isentos de experimentar quando *[133]* a sentimos pela primeira vez. Certamente o sujeito não é a última palavra da *Recherche*: a fraqueza de Swann é ater-se às simples associações, prisioneiro de seus estados de alma, associando a pequena frase musical de Vinteuil ao amor que teve por Odette ou às folhagens do Bois, onde ele a ouviu.[8] As associações subjetivas, individuais, só existem para serem ultrapassadas no caminho para a essência; o próprio Swann pressente que o gozo da arte, "em vez de ser puramente individual como o do amor", remete a uma "realidade superior". Mas a essência, por sua vez, não é mais a essência estável, a idealidade vista, que reúne o mundo em um todo e nele introduz a justa medida. A essência, segundo Proust, como tentamos demonstrar, não é algo visto, mas uma espécie de *ponto de vista* superior. Ponto de vista irredutível que significa tanto o nascimento do mundo quanto o caráter original de um mundo. Neste sentido a obra de arte constitui e reconstitui sempre o começo do mundo, mas forma também um mundo específico absolutamente diferente dos outros, e envolve uma paisagem ou lugares imateriais inteiramente distintos do lugar em que o apreendemos.[9] Sem dúvida, é essa estética do ponto de vista que aproxima Proust de Henry James. Mas o importante é que o ponto de vista ultrapassa o indivíduo, tanto quanto a essência ultrapassa o

[8] CS, RI, p. 236; JF, RI, p. 533.
[9] CS, RI, p. 352; P, RIII, p. 249; TR, RIII, pp. 895-6.

estado de alma: o ponto de vista permanece superior àquele que nele se coloca ou garante a identidade de todos os que o atingem. Não é individual, mas, ao contrário, princípio de individuação. Nisso reside *[134]* precisamente a originalidade da reminiscência proustiana: ela vai de um estado de alma, e de suas cadeias associativas, a um ponto de vista criador ou transcendente; e não mais, à maneira de Platão, de um estado do mundo a objetividades vistas.

De tal modo que todo o problema da objetividade, como o da unidade, se acha deslocado de uma maneira que devemos dizer "moderna", essencial à literatura moderna. A ordem ruiu, tanto nos estados do mundo que presumidamente deveriam reproduzi-la quanto nas essências ou ideias que supostamente deveriam inspirá-la. O mundo ficou reduzido a migalhas e caos. Precisamente porque a reminiscência vai de associações subjetivas a um ponto de vista originário, a objetividade só pode se encontrar na obra de arte: ela não existe mais nos conteúdos significativos como estados do mundo, nem nas significações ideais como essências estáveis, mas unicamente na estrutura formal significante da obra, isto é, no estilo. Não se trata mais de dizer: criar é relembrar; mas relembrar é criar, *é ir até o ponto em que a cadeia associativa se rompe, escapa ao indivíduo constituído, se transfere para o nascimento de um mundo individuante.* E não se trata mais de dizer: criar é pensar, mas, pensar é criar e, antes de tudo, criar no pensamento o ato de pensar. Pensar é fazer pensar; relembrar é criar; não criar a lembrança, mas criar o equivalente espiritual da lembrança ainda por demais material, criar o ponto de vista que vale para todas as associações, o estilo que vale para todas as imagens. É o estilo que substitui a experiência pela maneira como dela se fala ou pela fórmula que a exprime, *[135]* o indivíduo no mundo pelo ponto de vista sobre o mundo, e faz da reminiscência uma criação realizada.

Encontram-se os signos no mundo grego: a grande trilogia platônica, *O Banquete, Fedro* e *Fédon,* isto é, o amor, o delírio e a morte. O mundo grego não se exprime apenas no *logos* como bela totalidade, mas em fragmentos e partes como objetos de aforismos, em símbolos como metades separadas, nos signos dos oráculos e no delírio dos adivinhos. Mas a alma grega sempre teve a impressão de que os signos, linguagem muda das coisas, eram um sistema mutilado, variável e enganador, restos de um *logos* que deveriam ser restaurados em uma dialética, reconciliados por uma *philia*, harmonizados por uma *sophia*, dirigidos por uma inteligência que antecede. A melancolia das mais belas estátuas gregas é o pressentimento de que o *logos* que as anima vai se romper em fragmentos. Aos signos do fogo que anunciam a vitória a Clitemnestra, linguagem mentirosa e fragmentária, boa para mulheres, o corifeu opõe outra, o *logos* do mensageiro que reúne tudo em um, na justa medida, felicidade e verdade.[10] Na linguagem dos signos, ao contrário, só há verdade naquilo que é feito para enganar, nos meandros daquilo que a oculta, nos fragmentos de uma mentira e de uma infelicidade: só há verdade traída, isto é, ao mesmo tempo entregue pelo inimigo e revelada por contornos ou pedaços. Como disse Espinosa quando definiu *[136]* a profecia, o profeta judeu privado de *logos*, reduzido à linguagem dos signos, tem sempre necessidade de um signo para persuadir-se de que o signo de Deus não é enganador. Porque mesmo Deus pode querer enganá-lo.

Quando uma parte vale por si própria, quando um fragmento fala por si mesmo, quando um signo se eleva, pode ser de duas maneiras muito diferentes: ou porque permite adivinhar o todo de onde foi extraído, reconstituir o organismo ou a estátua a que pertence e procurar a outra parte que se lhe adapta, ou, ao contrário, porque não há outra parte que lhe corresponda, nenhuma totalidade a que possa pertencer, nenhuma unidade de onde tenha sido arrancado e à qual possa ser devolvido. A primeira maneira é a dos gregos: somente dessa forma eles suportam os "aforismos". É preciso que a menor parte seja também um *microcosmo* para que nela se reconheça que ela pertence ao todo mais vasto de um *macrocosmo*. Os signos se compõem segundo analogias e articulações que formam um grande Vivente, como ainda se vê no platonismo da Idade Média e do Renascimento, eles são tomados numa ordem do mundo, em um feixe de conteúdos significativos e significações ideais que ainda são testemunhas de um *logos* no instante mesmo

---

[10] Cf. Ésquilo, *Agamêmnon*, 460-502 (Henri Maldiney comenta esses versos ao analisar a oposição entre a linguagem dos signos e a do *logos*, "Le moi", cours résumé, *Bulletin Faculté de Lyon*, 1967).

em que o rompem. Não se pode invocar os fragmentos dos pré-socráticos para fazer deles os Judeus de Platão; não se pode fazer passar por uma intenção o estado fragmentado em que o tempo os deixou.

Acontece o contrário com uma obra que tem por objeto, ou melhor, por sujeito, o tempo. Ela diz respeito a *[137]* fragmentos que não podem mais se reajustar, é composta de pedaços que não fazem parte do mesmo *puzzle*, que não pertencem a uma totalidade prévia, que não emanam de uma unidade, mesmo que tenha sido perdida. Talvez o tempo seja isso: a existência última de partes de tamanhos e de formas diferentes que não se adaptam, que não se desenvolvem no mesmo ritmo e que a corrente do estilo não arrasta na mesma velocidade. A ordem do cosmos ruiu, despedaçou-se nas cadeias associativas e nos pontos de vista não comunicantes. A linguagem dos signos se põe a falar por si mesma, reduzida aos recursos da infelicidade e da mentira; ela não mais se apoia em um *logos* subsistente: só a estrutura formal da obra de arte será capaz de decifrar o material fragmentário que ela utiliza, sem referência exterior, sem código alegórico ou analógico. Quando Proust procura precursores em reminiscência, cita Baudelaire, mas reprova-lhe ter feito um uso muito "voluntário" do método, isto é, ter procurado analogias e articulações objetivas ainda muito platônicas em um mundo habitado pelo *logos*. Ao contrário, o que ele aprecia na frase de Chateaubriand é que o perfume de heliotrópio seja trazido não "pela brisa da pátria, mas pelo vento selvagem da Terra-Nova, *alheio à planta exilada, sem simpatia de reminiscências e de volúpia*".[11] Entendamos que não há aqui reminiscência platônica precisamente porque não há simpatia como reunião em um todo, mas que o próprio mensageiro é uma parte heteróclita que não se une *[138]* à sua mensagem nem àquele a quem ele a envia. É o que sempre acontece em Proust e é justamente sua concepção inteiramente nova ou moderna da reminiscência: *uma cadeia associativa heteróclita só é unificada por um ponto de vista criador, ele próprio desempenhando o papel de parte heteróclita no conjunto*. Esse é o procedimento que garante a pureza do encontro

---

[11] Citação de Chateaubriand, TR, RIII, p. 920.

ou do acaso e que recalca a inteligência impedindo-a de vir antes. Em vão procurar-se-iam, em Proust, as banalidades a respeito da obra de arte como totalidade orgânica, em que cada parte predetermina o todo e o todo determina as partes (concepção dialética da obra de arte). O próprio quadro de Vermeer não vale como um todo, mas pelo pequeno detalhe de parede amarela nele colocado como fragmento de outro mundo.[12] O mesmo acontece com a pequena frase musical de Vinteuil, "intercalada, episódica", sobre a qual disse Odette a Swann: "Que necessidade tens do resto? Este é o *nosso* trecho".[13] Também a igreja de Balbec, decepcionante quando nela procuramos "um movimento quase persa" em seu conjunto, revela, ao contrário, sua beleza em uma de suas partes discordantes, que representa, de fato, "dragões quase chineses".[14] Os dragões de Balbec, o detalhe da parede de Vermeer, a pequena frase musical, misteriosos pontos de vista, nos dizem a mesma coisa que o vento de Chateaubriand: agem sem "simpatia", não fazem da obra uma totalidade orgânica; funcionam como fragmento que determina uma cristalização. Veremos que não foi *[139]* por acaso que o modelo do vegetal substituiu em Proust o da totalidade animal, tanto na arte quanto na sexualidade. Tal obra, que tem como assunto o tempo, nem mesmo precisa ser escrita em aforismos. É nos meandros e nos anéis de um estilo antilogos que ela faz todos os rodeios necessários para juntar os últimos pedaços, arrastar em velocidades diferentes todos os fragmentos, em que cada um remete a um conjunto diferente, não remete a conjunto nenhum, ou só remete ao conjunto do estilo.

[12] P, RIII, pp. 186-7.

[13] CS, RI, pp. 218-9.

[14] JF, RI, pp. 841-2.

Capítulo II
AS CAIXAS E OS VASOS
[140]

Afirmar que Proust tinha uma ideia, mesmo que confusa, da unidade prévia da *Recherche*, ou que a tivesse encontrado logo em seguida, mas como que animando desde o início o conjunto, é lê--lo desatentamente, é aplicar-lhe critérios de totalidade orgânica que ele justamente recusava, é fechar-se à concepção tão nova de unidade que ele estava criando. Pois é exatamente daí que é preciso partir: a disparidade, a incomensurabilidade, o esmigalhamento das partes da *Recherche*, com as rupturas, os hiatos, as lacunas, as intermitências que lhe garantem a diversidade final. Sob esse aspecto, há duas figuras fundamentais: uma concerne particularmente às relações continente-conteúdo; a outra, às relações partes--todo. A primeira é uma figura de *encaixe*, de *envolvimento*, de *implicação* — as coisas, as pessoas e os nomes são caixa, das quais se tira alguma coisa de forma totalmente diferente, de natureza totalmente diversa, conteúdo desmedido. "Atento em relembrar exatamente o perfil do telhado ou o matiz da pedra, que, sem que eu soubesse o motivo, me haviam parecido plenos, prestes a entreabrir-se, *[141]* a revelar-me aquilo de que não eram mais que a cobertura..."[1] O Sr. de Charlus, "personagem pintalgado, pançudo e fechado, semelhante a alguma caixa de procedência exótica e suspeita", abriga em sua voz ninhada de jovens e de almas femininas tutelares.[2] Os nomes próprios são caixas entreabertas que projetam suas qualidades sobre o ser que designam: "O nome de Guermantes de então é como um desses balõezinhos em que se en-

[1] CS, RI, pp. 178-9.
[2] SG, RII, p. 1042.

cerrou oxigênio ou algum outro gás", ou como esses "pequenos tubos" dos quais se "tira" a cor desejada.[3] Com relação a esta primeira figura de envolvimento, a atividade do narrador consiste em *explicar*, isto é, em desdobrar, desenvolver o conteúdo do incomensurável ao continente. A segunda figura é a da *complicação*: trata-se, desta vez, da coexistência de partes assimétricas e não comunicantes, seja porque se organizam como metades bem separadas, seja porque se orientam como "lados" ou caminhos opostos, seja porque se põem a girar, a turbilhonar, como a roda de uma loteria que arrasta e por vezes mistura os lotes fixos. A atividade do narrador consiste, então, em *eleger, escolher*; pelo menos é esta sua atividade aparente, pois muitas forças diversas, elas próprias complicadas nele, se esforçam para determinar sua pseudovontade, para fazê-lo eleger tal parte na composição complexa, tal lado na instável oposição, tal lote no torvelinho das trevas. *[142]*

A primeira figura é dominada pela imagem das caixas entreabertas, a segunda pela imagem dos vasos fechados. *A primeira (continente-conteúdo) vale pela posição de um conteúdo sem medida comum; a segunda (partes-todo) vale pela oposição de uma vizinhança sem comunicação.* Frequentemente elas se misturam, passam de uma para outra. Por exemplo: Albertine tem dois aspectos; por um lado, ela *complica* em si muitas personagens, muitas jovens das quais dir-se-ia que cada uma é vista com a ajuda de um instrumento de óptica diferente, que é preciso saber escolher de acordo com as circunstâncias e os matizes do desejo; por outro lado, ela *implica* ou envolve a praia e as ondas, mantém ligadas entre si "todas as impressões de uma série marítima" que é preciso saber desdobrar, desenvolver como se desenrola uma corda.[4] Mas cada uma das grandes categorias da *Recherche* não deixa de assinalar uma preferência por uma dessas figuras, até em sua maneira de participar secundariamente daquela que não constitui sua origem. Razão pela qual se pode conceber cada grande categoria em uma das duas figuras como tendo seu duplo na outra, e talvez

[3] CG, RII, pp. 11-2.

[4] CG, RII, pp. 362-3. Os dois aspectos estão bem assinalados pela expressão "por outro lado".

como já sendo inspirada por esse duplo, que é, a um só tempo, o mesmo e o inteiramente outro. Assim, no que concerne à linguagem: os nomes próprios têm, em primeiro lugar, todo o seu poder como caixas das quais se extrai o conteúdo e, uma vez esvaziados pela decepção, ordenam-se, ainda, uns em função dos outros, "encerrando", "enclausurando", a história universal; mas os [143] nomes comuns adquirem seu valor introduzindo no discurso pedaços não comunicantes de mentira e de verdade escolhidos pelo intérprete. Ou então, do ponto de vista das faculdades: a memória involuntária tem como atividade, antes de tudo, abrir as caixas, desdobrar um conteúdo oculto, enquanto, do outro polo, o desejo, ou melhor, o sono faz girar os vasos fechados, as faces circulares e elege aquele que melhor convém a determinada profundidade do sono, a determinada proximidade do despertar, a determinado grau de amor. Ou ainda no próprio amor: o desejo e a memória combinam-se para formar sedimentos de ciúme, o primeiro ocupado, antes de tudo, em multiplicar as Albertines não comunicantes, o segundo em extrair de Albertine incomensuráveis "regiões de lembranças".

De tal modo que só se pode considerar abstratamente cada uma das duas figuras para determinar sua diversidade específica. Em primeiro lugar, perguntar-se-á qual é o continente e em que consiste exatamente o conteúdo; qual é a relação de um com o outro; qual é a forma da "explicação"; que dificuldades ela encontra em razão da resistência do continente ou da ocultação do conteúdo; e, acima de tudo, onde intervém a incomensurabilidade dos dois, oposição, hiato, esvaziamento, corte etc. No exemplo da *madeleine*, Proust evoca os pedacinhos de papel japonês que, mergulhados numa bacia, se estiram e se desdobram, isto é, se explicam: "Assim, agora todas as flores de nosso jardim e as do parque do Sr. Swann, e as ninfeias do Vivonne, e a boa gente da aldeia e suas pequenas moradias, e a igreja e toda Combray e seus arredores, tudo isso que toma forma e solidez, saiu, cidade e jardins, da minha [144] xícara de chá".[5] Mas isso só em parte é verdade. O verdadeiro continente não é a tigela mas a qualidade sensível, o sabor.

[5] CS, RI, p. 47.

E o conteúdo não é uma cadeia associada a este sabor, a cadeia das coisas e das pessoas conhecidas em Combray, mas Combray como essência, Combray como puro Ponto de vista, superior a tudo que foi vivido *desse* próprio ponto de vista, aparecendo, enfim, por si e em seu esplendor, numa relação de corte com a cadeia associativa que, em relação a ele, só percorria metade do caminho.[6] O conteúdo foi de tal maneira perdido, nunca tendo sido possuído, que sua reconquista é uma criação. E é porque a Essência como ponto de vista individuante supera toda a cadeia de associação individual com a qual rompe, que tem o poder não só de nos lembrar, mesmo intensamente, o eu que viveu toda a cadeia, mas também de o fazer reviver em si, reindividuando-o, uma existência pura que ele jamais viveu. Neste sentido, toda "explicação" de alguma coisa é ressurreição de um eu.

O ser amado é como a qualidade sensível, vale pelo que envolve. Seus olhos seriam apenas pedras e seu corpo um pedaço de carne, se não exprimissem um mundo ou mundos possíveis, *[145]* paisagens e lugares, modos de vida que é preciso explicar, isto é, desdobrar, desenrolar como os pedacinhos de papel japonês: como a Srta. de Stermaria e a Bretanha, Albertine e Balbec. O amor e o ciúme são estritamente comandados por essa atividade de explicação. Há mesmo como que um duplo movimento pelo qual uma paisagem necessita enrolar-se numa mulher, como a mulher, desenrolar as paisagens e os lugares que "contém" encerrados em seu corpo.[7] A expressividade é o conteúdo de um ser. Aí, também, poder-se-ia acreditar que exista apenas uma relação de associação entre o conteúdo e o continente. Entretanto, embora a cadeia associativa seja estritamente necessária, há algo a mais, que Proust

---

[6] Já observamos que a *madeleine* é um caso de *explicação* bem-sucedida (contrariamente às três árvores, por exemplo, cujo conteúdo permanece perdido para sempre). Mas bem-sucedida apenas em parte, pois, embora a "essência" já seja evocada, o narrador permanece na cadeia associativa, que ainda não explica "por que essa lembrança [o] tornava tão feliz". Somente no final da *Recherche* é que a teoria e a experiência da Essência adquirem seu estatuto.

[7] CS, RI, pp. 156-7.

define como caráter indivisível do desejo que quer dar uma forma a uma matéria e preencher de matéria uma forma.[8] Mas o que mostra ainda que a cadeia de associações só existe em relação com uma força que vai rompê-la é uma curiosa torção pela qual se é tomado no mundo desconhecido expresso pelo ser amado, esvaziado de si próprio, aspirado para esse outro universo.[9] De tal modo que ser visto faz o mesmo efeito que ouvir pronunciar seu nome pelo ser amado; o efeito de aparecer nu em sua boca.[10] A associação da paisagem e do ser amado no espírito do narrador é, portanto, rompida em proveito de um Ponto de vista do ser amado sobre a paisagem, em que o próprio narrador é tomado, mesmo *[146]* que seja para ser excluído, recalcado. Mas, desta vez a ruptura da cadeia associativa não é superada pelo aparecimento de uma Essência; ela é antes aprofundada por uma operação de esvaziamento que restitui ao narrador o seu próprio eu. Pois o narrador-intérprete, apaixonado e ciumento, vai enclausurar o ser amado, encerrá-lo, sequestrá-lo para melhor "explicá-lo", isto é, esvaziá-lo de todos os mundos que contém. "Prendendo Albertine, eu restituíra ao universo todas aquelas asas cintilantes... Elas dão beleza ao mundo. Foram elas que em outro tempo deram beleza a Albertine... Albertine perdera todas as suas cores... Perdera pouco a pouco a beleza... Transformada numa prisioneira triste, reduzida a seu término, lhe eram necessários os raios que me faziam lembrar do passado para que suas cores fossem restituídas."[11] Apenas o ciúme tornará a preenchê-la, por um instante, com um universo que uma lenta explicação se esforçará, por sua vez, para esvaziar. Devolver ou restituir o eu do narrador a ele próprio? Trata-se na verdade de outra coisa. Trata-se de esvaziar cada um dos eus que amou Albertine, de conduzi-lo a seu término, segundo uma lei de morte que se entrelaça com a das ressurreições, como o tempo per-

---

[8] CS, RI, p. 87: "... não era pelo acaso de uma simples associação de ideias...".

[9] JF, RI, pp. 716, 794.

[10] CS, RI, p. 401.

[11] P, RIII, pp. 172-3.

dido se entrelaça com o tempo redescoberto. E os eus se obstinam tanto em procurar seus suicídios, em repetir-preparar seus próprios fins, quanto em reviver em outra coisa, repetir-rememorar suas vidas.[12] *[147]*

Mesmo os nomes próprios têm um conteúdo inseparável das qualidades de suas sílabas e das associações livres de que fazem parte. Justamente porque não se pode entreabrir a caixa sem projetar todo o conteúdo associado na pessoa ou no lugar reais, ao contrário das associações forçadas, que, totalmente diferentes, impostas pela mediocridade da pessoa e do lugar, vêm torcer e romper a primeira série e criar um grande hiato entre o conteúdo e o continente.[13] Em todos os aspectos dessa primeira figura da *Recherche* manifesta-se sempre a inadequação do conteúdo, sua incomensurabilidade: *seja conteúdo perdido*, que se redescobre no esplendor de uma essência que ressuscita um antigo eu, *seja conteúdo esvaziado*, que provoca a morte do eu, *seja conteúdo separado*, que nos lança numa inevitável decepção; um mundo nunca poderá ser organizado hierárquica e objetivamente, as próprias cadeias de associação subjetivas, que lhe dão um mínimo de consistência ou de ordem, rompem-se em proveito de pontos de vista transcendentes, mas variáveis e violentamente imbricados, uns exprimindo verdades da ausência e do tempo perdido, outros, da presença ou do tempo redescoberto. Os nomes, os seres e as coisas estão abarrotados de um conteúdo que os faz explodir; assiste-se, então, não só a uma espécie de explosão dos continentes pelos conteúdos, mas à explosão *[148]* dos próprios conteúdos que, desdobrados, explicados, não formam uma figura única, mas verdades

[12] JF, RI, pp. 610-1: "Era a um longo e cruel suicídio do eu que em mim mesmo amava Gilberte que eu me obstinava continuamente, e isso com a clarividência não apenas do que eu fazia no presente mas também de suas consequências no futuro".

[13] Sobre os dois movimentos associativos em sentido inverso, cf. JF, RI, p. 660. É essa decepção que será recompensada, sem ser preenchida, pelos prazeres da genealogia ou da etimologia dos nomes próprios: cf. Roland Barthes, "Proust et les noms" (*To Honor Roman Jakobson*, Paris/Le Hague, Mouton, 1967), e Gérard Genette, "Proust et le langage indirect" (*Figures II*, Paris, Seuil, 1969).

heterogêneas em fragmentos que lutam muito mais entre si do que se conciliam. Mesmo quando o passado nos é restituído em sua essência, a conjunção do momento presente com o passado parece mais uma luta do que um acordo, e aquilo que nos é dado nem é uma totalidade nem uma eternidade, mas "um pouco de tempo em estado puro", isto é, um fragmento.[14] Nada é pacificado por uma *philia*; como acontece com os lugares e os momentos, dois sentimentos só se unem lutando, e formam nessa luta um corpo irregular de pouca duração. Até mesmo no mais alto estado da essência como Ponto de vista artístico, o mundo que começa faz com que os sons lutem com pedaços finais disparatados sobre os quais repousa. "Em breve os dois motivos lutaram entre si, num corpo a corpo em que algumas vezes um desaparecia totalmente, em que, em seguida, só se percebia um fragmento do outro."

É isso, sem dúvida, que dá conta, na *Recherche*, desse extraordinário encadeamento de partes inconciliáveis, em ritmos de desdobramento ou em velocidade de explicação irredutíveis: não apenas elas não compõem em conjunto um todo, mas cada parte separadamente também não exprime um todo de onde seria arrancada, diferente do todo de uma outra parte, formando uma espécie de diálogo entre universos. Mas a força com que são projetadas no mundo, inseridas violentamente umas nas outras, apesar de suas bordas não serem correspondentes, faz com que todas elas sejam *[149]* reconhecidas como partes, sem no entanto compor um todo, mesmo que seja oculto, sem emanar de totalidades, mesmo que sejam perdidas. Ao colocar fragmentos nos fragmentos, Proust encontra o meio de nos fazer pensar em todos, mas sem referência a uma unidade de que eles derivariam, ou que deles derivaria.[15]

[14] TR, RIII, p. 705.

[15] Georges Poulet diz bem: "O universo proustiano é um universo em pedaços, cujos pedaços contêm outros universos, esses também, por sua vez, em pedaços... A própria descontinuidade temporal é precedida, até mesmo comandada por uma descontinuidade ainda mais radical, a do espaço" (*L'espace proustien*, Paris, Gallimard, 1963, pp. 54-5). Todavia, Poulet mantém na obra de Proust os direitos de uma continuidade e de uma unidade, das quais ele não procura definir a natureza original muito particular (pp. 81 e

Quanto à segunda figura da *Recherche*, a da complicação, que mais particularmente concerne à relação partes-todo, vemos ela aplicar-se às palavras, aos seres e às coisas, isto é, aos tempos e aos lugares. *A imagem do vaso fechado, que marca a oposição de uma parte com uma vizinhança sem comunicação, substitui aqui a imagem da caixa entreaberta, [150] que marcava a posição de um conteúdo sem medida comum com o continente.* É assim que os dois lados da *Recherche*, o lado de Méséglise e o lado de Guermantes, permanecem justapostos "incognocíveis um ao outro nos vasos fechados e incomunicáveis entre eles de tardes diferentes".[16] Impossível fazer como diz Gilberte: "Podemos ir a Guermantes tomando o caminho de Méséglise". Mesmo a revelação final do tempo redescoberto não os unificará, nem os fará convergir, apenas multiplicará as "transversais", também incomunicantes.[17] Do mesmo modo, o rosto dos seres tem pelo menos dois lados assimétricos, como "duas estradas opostas que nunca se comunicarão". É o que acontece com Rachel, que tem o rosto da generalidade e o da singularidade, como também o da nebulosa informe, vista de muito perto, e o de uma boa organização, a uma distância conveniente. Ou com Albertine, que tem o rosto que inspira confiança e o que reage à suspeita do ciúme.[18] Os dois lados

102); é que, por outro lado, ele tende a negar a originalidade ou a especificidade do tempo proustiano (sob o pretexto de que esse tempo nada tem a ver com uma duração bergsoniana, ele afirma que é um tempo espacializado, cf. pp. 134-6).

O problema de um mundo em fragmentos, em seu conteúdo mais geral, foi colocado por Maurice Blanchot (principalmente em *L'entretien infini*, Paris, Gallimard, 1969). Trata-se de saber qual é a unidade ou a não unidade de tal mundo, uma vez dito que ele nem pressupõe, nem forma um todo: "Quem diz fragmento não deve apenas dizer fragmentação de uma realidade já existente, nem momento de um conjunto ainda por vir... Na violência do fragmento, outra relação, inteiramente diferente, nos é dada", "nova relação com o de fora", "afirmação irredutível à unidade" que não se deixa reduzir à forma aforística.

[16] CS, RI, p. 135.

[17] TR, RIII, p. 1029.

[18] AD, RIII, p. 489; CG, RII, pp. 159, 174-5.

ou os dois caminhos são apenas direções estatísticas. Podemos formar um conjunto complexo, mas nunca o formaremos *sem que ele se cinda, por sua vez, em mil vasos fechados*: como o rosto de Albertine, que, quando pensamos em juntá-lo para um beijo, salta de um plano a outro durante o percurso de nossos lábios à sua face, "dez Albertines" em vasos fechados, até o momento final quando tudo se desfaz na proximidade exagerada.[19] Em *[151]* cada vaso um eu que vive, que percebe, que deseja e se recorda, que vela ou que dorme, que morre, se suicida e revive intermitentemente: "esmigalhamento", "fracionamento" de Albertine, a que corresponde uma multiplicação do eu. Uma mesma notícia global, a partida de Albertine, deve ser sabida por todos esses eus distintos, cada qual no fundo de sua urna.[20]

Não acontecerá o mesmo, em outro nível, com o mundo, realidade estatística sob a qual "os mundos" são tão separados quanto astros infinitamente distantes, cada qual possuindo seus signos e suas hierarquias, que fazem com que um Swann ou um Charlus nunca sejam reconhecidos pelos Verdurin, até a grande mistura do final, cujas novas leis o narrador renuncia a apreender, como se também ele tivesse atingido esse limiar de proximidade em que tudo se desfaz e volta ao estado de nebulosa? Finalmente, os discursos ou as falas operam também, do mesmo modo, uma distribuição estatística das *palavras*, sob a qual o intérprete discerne camadas, famílias, subordinações e empréstimos muito diferentes uns dos outros, que dão testemunho das ligações daquele que fala, de seus relacionamentos e de seus mundos secretos, como se cada palavra pertencesse a um aquário colorido desse ou daquele modo, contendo determinada espécie de peixes, para além da falsa unidade do *Logos*: é o que acontece com certas palavras que não faziam parte do vocabulário anterior de Albertine e que persuadem o narrador de que ela se tornara mais abordável ao entrar numa nova faixa de idade, com novas relações; ou então com a horrível

---

[19] CG, RII, pp. 365-6: "Soube, por esses signos detestáveis, que estava beijando a face de Albertine".

[20] AD, RIII, p. 430.

expressão "*se faire casser le...*", que revela ao narrador *[152]* um mundo abominável.[21] É por isso que, em oposição ao *logos*-verdade, a mentira pertence à linguagem dos signos; como a imagem de um quebra-cabeça desajustado, as próprias palavras são fragmentos de um mundo que se ajustariam a outros fragmentos do mesmo mundo, mas não aos outros fragmentos de outros mundos junto aos quais os tivéssemos posto.[22] Existe, portanto, aqui, nas palavras, como que um fundamento geográfico e linguístico para a psicologia do mentiroso.

É o que significam os vasos fechados: só existe totalidade estatística e privada de sentido profundo. "O que julgamos que seja o nosso amor, o nosso ciúme, não é uma mesma paixão contínua, indivisível. Compõem-se de uma infinidade de amores sucessivos, de ciúmes diferentes, que são efêmeros, mas, por sua multidão ininterrupta, dão a impressão da continuidade, a ilusão da unidade."[23] No entanto, entre todas essas partes fechadas, existe um sistema de passagem que não se deve confundir com um meio de comunicação direta nem de totalização. Como entre o caminho de Méséglise e o caminho de Guermantes, toda a obra consiste em estabelecer *transversais* que nos fazem saltar de um a outro perfil de Albertine, de uma Albertine a outra, de um mundo a *[153]* outro, de uma palavra a outra, sem nunca reduzir o múltiplo ao Uno; sem nunca reunir o múltiplo em um todo, mas afirmando a unidade bastante original *daquele* múltiplo, afirmando, sem os reunir, *todos* esses fragmentos irredutíveis ao Todo. O ciúme é a transversal da multiplicidade amorosa; a viagem, a transversal da multiplicidade dos lugares; o sono, a transversal da multiplicidade dos mo-

[21] CG, RII, pp. 354-7; P, RIII, pp. 337-41.

[22] CS, RI, p. 234; P, RIII, p. 150. Com relação a Odette tanto quanto com relação a Albertine, Proust invoca os fragmentos de verdade que, introduzidos pelo ser amado para autenticar uma mentira, têm como efeito contrário denunciá-la. Mas, antes de se referir à verdade ou à falsidade de um relato, esse "desacordo" se refere às próprias palavras que, reunidas numa mesma frase, têm origens e alcances bastante diferentes.

[23] CS, RI, pp. 371-3.

mentos. Os vasos fechados se organizam ora em partes separadas, ora em direções opostas, ora (como em certas viagens, ou durante o sono) em círculo. Mas o importante é que o círculo não se fecha, não totaliza, ao contrário, faz desvios e forma ângulos, é um círculo descentrado que faz passar para a direita o que estava à esquerda e para a extremidade o que estava no centro. Não se estabelece a unidade de todas as vistas de uma viagem de trem no próprio círculo, que guarda suas partes fechadas, nem na coisa contemplada, que multiplica as suas, mas em uma transversal que sempre se está percorrendo, indo "de uma janela a outra".[24] Tanto isso é verdade que a viagem não faz os lugares se comunicarem nem os reúne, mas só afirma em comum sua *diferença* (essa afirmação comum se fazendo em outra *[154]* dimensão que não a da diferença afirmada — na transversal).[25]

A atividade do narrador não consiste mais em explicar, desdobrar um conteúdo, mas em eleger, escolher, uma parte não comunicante, um vaso fechado, com o eu nele contido. Escolher determinada jovem num grupo, determinado corte ou plano fixo na jovem, escolher determinada palavra naquilo que ela diz, determinado sofrimento no que ela nos faz sentir e, para sentir esse sofrimento, para decifrar a palavra, para amar essa jovem, escolher determinado eu que se faz viver ou reviver entre todos os possíveis: essa é a atividade correspondente à complicação.[26] Essa atividade

[24] JF, RI, p. 655: "O trem fez uma curva... e eu me desolava por haver perdido minha faixa de céu rósea, quando a avistei de novo, mas vermelha desta vez, na janela da frente, que ela abandonou numa segunda curva da linha férrea; de modo que eu passava o tempo a correr de uma janela para outra, para aproximar, para reenquadrar os fragmentos intermitentes e opostos de minha bela madrugada escarlate e versátil, e ter dela uma vista total e um quadro contínuo". Esse texto invoca certamente uma continuidade e uma totalidade, mas o essencial é saber onde elas se elaboram — nem no ponto de vista, nem na coisa vista, mas na transversal, de uma janela a outra.

[25] JF, RI, p. 644: "O prazer específico das viagens... é tornar a diferença entre a partida e a chegada não tão insensível, mas tão profunda quanto possível, em senti-la na sua totalidade, intacta...".

[26] AD, RIII, pp. 545-6: "No sofrimento físico, pelo menos, não precisamos escolher nós mesmos a nossa dor. A doença a determina e impõe. Mas,

de escolha, na forma mais pura, nós a vemos exercer-se no momento do despertar, quando o sono fez girar todos os vasos fechados, todas as peças cerradas, todos os eus sequestrados, frequentados por quem dorme. Não só existem diferentes compartimentos do sono que giram aos olhos do insone em vias de escolher sua droga ("sono do estramônio, do cânhamo-da-índia, dos variados extratos do éter...") — mas todo homem que dorme "mantém em círculo, em volta de si, ao longo das horas, a ordem dos anos e dos mundos": o problema do despertar é passar deste compartimento do *[155]* sono, e de tudo o que aí se desenrola, ao compartimento real onde se está, redescobrir o eu da vigília entre todos aqueles que se acaba de ser em sonho, que se poderia ter sido ou que se foi, redescobrir, enfim, a cadeia associativa que nos fixa ao real, ao deixar os Pontos de vista superiores do sono.[27] Não se deve perguntar *quem* escolhe. Certamente nenhum eu, visto que se é escolhido, visto que determinado eu é escolhido cada vez que "nós" escolhemos um ser para amar, um sofrimento para ter, e que esse eu se surpreende em viver e reviver, e em responder ao apelo, não sem se fazer esperar. Desse modo, ao sair do sono "não se é mais ninguém. Como, então, procurando seu pensamento, sua personalidade, como se procura um objeto perdido, acaba-se por encontrar o próprio eu antes de outro qualquer? Por que, então, quando se recomeça a pensar, não é uma personalidade diferente da anterior que se encarna em nós? Não se vê o que dita a escolha e por que, entre os milhões de seres humanos que se poderia ser, se vai pôr a mão exatamente naquele que se era na véspera".[28] Na verdade, existe uma atividade, um puro *interpretar*, puro escolher, que não tem nem sujeito nem objeto, visto que ela escolhe tanto o intérprete quanto a coisa a interpretar, tanto o signo quanto o eu que o decifra. É o que se dá com o "nós" da interpretação: "Mas

no ciúme, temos de ensaiar de algum modo sofrimentos de todo tipo e de toda magnitude, antes de nos determos naquele que parece nos convir".

[27] Cf. as célebres descrições do sono e do despertar, CS, RI, pp. 3-9, e CG, RII, pp. 86-8.

[28] CG, RII, p. 88.

nem sequer dizemos *nós*... um nós que seria sem conteúdo".[29] Por isso, o sono é mais profundo do que a *[156]* memória, pois a memória, mesmo involuntária, permanece ligada ao signo que a solicita e ao eu já escolhido que ela fará reviver, enquanto o sono é a imagem do puro interpretar que se enrola em todos os signos e se desenvolve por todas as faculdades. O interpretar só tem uma unidade transversal; ele é a única divindade de que qualquer coisa é fragmento, mas sua "forma divina" não recolhe nem recola os fragmentos: ela os conduz, ao contrário, ao mais alto estado, ao mais agudo, impedindo que eles formem um conjunto ou sejam destacados. O "sujeito" da *Recherche* não é, finalmente, nenhum eu, é esse *nós* sem conteúdo que distribui Swann, o narrador, Charlus, e os distribui ou os escolhe sem totalizá-los.

Vimos, anteriormente, que os signos se distinguiam por sua matéria objetiva, sua cadeia de associação subjetiva, a faculdade que os decifra, sua relação com a essência. Mas, formalmente, os signos têm dois tipos que se encontram em todas as espécies: as caixas entreabertas, a serem explicadas, e os vasos fechados, a serem escolhidos. E se o signo é sempre fragmento sem totalização nem unificação, é porque o conteúdo se atém ao continente por toda a força da incomensurabilidade que traz consigo, e porque o vaso se atém a sua vizinhança por toda a força de não comunicação que mantém em si. A incomensurabilidade e a não comunicação são distâncias, mas distâncias que colocam um dentro do outro ou os aproximam. E o tempo não significa outra coisa: sistema de distâncias não espaciais, distância do próprio contíguo ou do próprio conteúdo, *distâncias sem intervalos*. A esse respeito, o tempo perdido, que introduz distâncias entre *[157]* coisas contíguas, e o tempo redescoberto, que, ao contrário, estabelece uma contiguidade entre coisas distantes, funcionam de maneira complementar conforme seja o esquecimento ou a lembrança que operem "interpolações fragmentadas, irregulares". Pois ainda não é essa a diferença entre o tempo perdido e o tempo redescoberto; o primeiro, por sua força de esquecimento, de doença e de idade, afirma os pedaços como que disjuntos, tanto quanto o outro, com sua força

---

[29] SG, RII, p. 981.

As caixas e os vasos

de lembrança e de ressurreição.[30] De qualquer modo, segundo a fórmula bergsoniana, o tempo significa que tudo não é dado: o Todo não pode ser dado. O que não quer dizer que o todo "se faz" em outra dimensão que seria precisamente temporal, como o entende Bergson, ou como o entendem, por sua vez, os dialéticos partidários de um processo de totalização; mas que o tempo, último intérprete, último interpretar, tem o estranho poder de afirmar simultaneamente pedaços que não formam um todo no espaço, como não formam uma unidade por sucessão no tempo. O tempo é exatamente a transversal de todos os espaços possíveis, inclusive dos espaços de tempo.

[30] AD, RIII, p. 593. Nesse trecho é o esquecimento que tem força de interpolação fragmentada, introduzindo distâncias entre nós e os acontecimentos recentes; já em SG, RII, p. 757 é a lembrança que se interpola e dá contiguidade às coisas distantes.

Capítulo III
OS NÍVEIS DA *RECHERCHE*
[158]

Em um universo assim fragmentado não há *Logos* que possa reunir todos os pedaços: não há lei que os ligue a um todo; não há todo a redescobrir nem mesmo a formar. E no entanto há uma lei; mas o que mudou foi sua natureza, sua função, sua relação. O mundo grego é um mundo em que a lei vem sempre depois; ela é potência segunda em relação ao *logos* que abrange o todo e o refere ao Bem. A lei, ou melhor, as leis apenas regem as partes, as adaptam, aproximam, reúnem, nelas estabelecendo um "melhor" relativo. Assim as leis só valem na medida em que nos permitem conhecer alguma coisa que as ultrapassa e em que elas determinam uma figura do "melhor", isto é, o aspecto que toma o Bem no *logos* em relação a determinadas partes, determinada região, determinado momento. Parece que a consciência moderna do antilogos impôs à lei uma revolução radical. Na medida em que ela rege um mundo de fragmentos não totalizáveis e não totalizados, a lei se torna potência primeira; ela não diz mais o que é bom, mas é bom o que diz a lei. Assim, ela adquire *[159]* uma espantosa unidade: não há mais leis especificadas dessa ou daquela maneira, mas *a* lei, sem outra especificação. É verdade que essa unidade espantosa é absolutamente vazia, unicamente formal, visto que ela não nos permite conhecer nenhum objeto distinto, nenhuma totalidade, nenhum Bem de referência, nenhum *logos* referente. Em vez de juntar e adaptar partes, ela, ao contrário, as separa, as compartimenta, introduz a não comunicação no contíguo, a não comensurabilidade no continente. Nada nos possibilitando conhecer, a lei só nos ensina o que ela é marcando nossa carne, já nos aplicando a sanção; eis, então, o fantástico paradoxo: como não sabíamos o que queria a lei antes de receber a punição, só podemos obedecer à lei como culpados, só podemos lhe responder por nossa culpabilidade, visto que ela só se aplica às partes como que disjuntas, tornando-as ainda mais disjuntas, desmembrando-lhes os corpos, arrancando-lhes os membros. Rigorosamente incognoscível, a lei só se dá a conhecer quando aplica as mais duras sanções ao nosso corpo supliciado.

A consciência moderna da lei adquire uma forma particularmente aguda com Kafka: é em *A muralha da China* que aparece o liame fundamental entre o caráter fragmentário da muralha, a maneira fragmentária de sua construção e o caráter incognoscível da lei, sua determinação idêntica a uma sanção de culpabilidade. Em Proust, no entanto, a lei apresenta outra figura, porque a culpabilidade é, antes de tudo, como que a aparência que oculta uma realidade fragmentária mais profunda, em vez de ser ela essa realidade mais profunda, à qual nos levam os fragmentos *[160]* separados. À consciência depressiva da lei, tal como aparece em Kafka, se opõe a consciência esquizoide da lei segundo Proust. Entretanto, à primeira vista, a culpabilidade desempenha um grande papel na obra de Proust, com seu objeto essencial: a homossexualidade. Amar pressupõe a culpabilidade do ser amado, embora todo o amor seja uma discussão sobre as provas, um julgamento de inocência pronunciado sobre o ser que no entanto sabemos que é culpado. O amor é, pois, uma declaração de inocência imaginária estendida entre duas certezas de culpabilidade, a que condiciona *a priori* o amor e o torna possível e a que termina o amor, que lhe marca o fim experimental. Daí o narrador não poder amar Albertine sem ter apreendido esse *a priori* de culpabilidade que ele vai deslindar em toda a sua experiência pela persuasão de que ela é inocente apesar de tudo (essa persuasão sendo inteiramente necessária, agindo como reveladora): "Aliás, mais até do que as culpas do tempo em que as amamos, há as culpas de antes de as conhecermos, e a primeira de todas: sua natureza. O que torna dolorosos tais amores é que lhes preexiste uma espécie de pecado original da mulher, um pecado que nos faz amá-la...".[1] "Afinal, e apesar de todas as denegações da razão, escolhê-la e amá-la não era co-

[1] P, RIII, pp. 150-1.

nhecer Albertine em toda a sua hediondez?... Sentirmo-nos atraídos por um ser, e começar a amá-lo é, por mais inocente que nos pareça, ler, já em versão diferente, todas as suas traições e suas faltas."[2] O amor *[161]* acaba quando a certeza *a priori* de culpabilidade completou sua trajetória, quando se tornou empírica, desfazendo a persuasão empírica de que Albertine era, apesar de tudo, inocente; uma ideia "que formava pouco a pouco o fundo da minha consciência substituía a ideia de que Albertine era inocente — era a ideia de que ela era culpada". De modo que a certeza das faltas de Albertine só se revelou ao narrador quando elas não mais o interessavam, quando ele deixou de amá-la, vencido pelo cansaço e pelo hábito.[3]

Com maior razão, a culpabilidade aparece nas séries homossexuais. Lembremo-nos da veemência com que Proust traça o quadro da homossexualidade masculina como raça maldita, "raça sobre a qual pesa uma maldição e tem que viver em mentira e no perjúrio, filhos sem mãe... amigos sem amizades... sem honra, a não ser precária, sem liberdade, a não ser provisória até o descobrimento do crime, sem situação a não ser instável", homossexualidade-signo que se opõe à grega, à homossexualidade-*logos*.[4] *Mas o leitor tem a impressão de que essa culpabilidade é mais aparente do que real*; e se Proust fala da originalidade de seu projeto, se ele declara ter passado por várias "teorias", é porque não se contenta em isolar especificamente uma homossexualidade maldita. Todo o tema da raça maldita ou culpada se entrelaça, aliás, com um tema de inocência, a sexualidade das plantas. A complexidade da teoria proustiana é grande devido ao fato de que ela apresenta vários *[162]* níveis. *Em um primeiro nível*, o conjunto dos amores intersexuais em seus contrastes e suas repetições; *em um segundo nível*, esse conjunto se divide em duas séries ou direções; a de Gomorra, que esconde o segredo cada vez revelado, da mulher amada, e a de Sodoma, que traz o segredo, ainda mais oculto, do aman-

---

[2] AD, RIII, p. 611.

[3] AD, RIII, p. 535.

[4] SG, RII, p. 615; *Contre Sainte-Beuve*, cap. XIII: "A raça maldita".

te. É nesse nível que impera a ideia de falta ou de culpabilidade; mas se este segundo nível não é o mais profundo é devido ao fato de ele próprio ser tão estatístico quanto o conjunto que ele decompõe: a culpabilidade, neste sentido, é vivida muito mais como social do que como moral ou interiorizada. Em geral, pode-se observar em Proust que não apenas um conjunto dado só tem valor estatístico, como também os dois lados dissimétricos ou as duas grandes direções em que ele se divide. Por exemplo: o "exército" ou a "multidão" de todos os eus do narrador que amam Albertine forma um conjunto de primeiro nível; mas os dois subgrupos da "confiança" e da "suspeita do ciúme" estão num segundo nível das direções ainda estatísticas que recobrem movimentos de terceiro nível, as agitações das partículas singulares, de cada um dos eus que compõem a multidão ou o exército nessa ou naquela direção.[5] Do mesmo modo, o caminho de Méséglise e o caminho de Guermantes só devem ser considerados como lados estatísticos, também eles como que formados por uma multidão de figuras elementares. Do mesmo modo, enfim, a série de Gomorra e a série de Sodoma, e suas culpabilidades correspondentes, são sem dúvida mais finas do que a grossa aparência dos amores [163] heterossexuais, mas ocultam ainda um último nível, constituído pelo comportamento de órgãos e partículas elementares.

O que interessa realmente a Proust nas duas séries homossexuais, e o que as torna estritamente complementares, é a profecia da separação que elas realizam: "Os dois sexos morrerão cada um do seu lado".[6] E a metáfora das caixas ou dos vasos fechados adquire todo o seu sentido se considerarmos que os dois sexos estão ao mesmo tempo presentes e separados no mesmo indivíduo: contíguos, mas compartimentados e não comunicantes, no mistério do hermafroditismo inicial. É aí, justamente, que o tema vegetal adquire todo o sentido, por oposição a um *logos*-vivente: o hermafroditismo não é a propriedade de uma totalidade animal hoje perdida, mas a compartimentação atual dos dois sexos numa mesma

[5] AD, RIII, p. 489: "Na multidão, esses elementos podem...".

[6] SG, RII, p. 616.

planta. "O órgão masculino está separado nela por uma membrana do órgão feminino."[7] É nesse ponto que vai se situar o *terceiro nível*: um indivíduo de determinado sexo (apenas se é de determinado sexo global ou estatisticamente) traz em si mesmo o outro sexo, com o qual não pode se comunicar diretamente. Quantas jovens aninhadas em Charlus que mais tarde se tornarão também avós.[8] "Em alguns... a mulher se acha não só interiormente unida ao homem, mas horrivelmente visível, agitados como estão em um espasmo de histérico, por um riso agudo que lhes *[164]* convulsiona os joelhos e as mãos."[9] O primeiro nível foi definido pelo conjunto estatístico dos amores heterossexuais; o segundo, pelas duas direções homossexuais ainda estatísticas, pelas quais um indivíduo tomado no conjunto precedente era remetido a outros indivíduos do mesmo sexo, participando da série de Sodoma, se é homem, e da série de Gomorra, se é mulher (como Odette e Albertine). Mas o terceiro nível é transexual ("o que erroneamente chamamos homossexualidade") e ultrapassa tanto o indivíduo quanto o conjunto: ele designa no indivíduo a coexistência de fragmentos dos dois sexos, *objetos parciais* que não se comunicam. O mesmo acontece com as plantas: o hermafrodita tem necessidade de um terceiro (o inseto) para que a parte feminina seja fecundada ou para que a parte masculina seja fecundante.[10] Uma comunicação aberrante se faz em uma dimensão transversal entre sexos compartimentados. Ou melhor, é ainda mais complicado, porque vamos encontrar nesse novo plano a distinção entre o segundo e o terceiro nível. Com efeito, pode acontecer que um indivíduo globalmente determinado como masculino procure, para fecundar sua parte feminina com a qual ele próprio não pode se comunicar, um indivíduo globalmente do mesmo sexo que ele (o mesmo acontecendo com a mulher e sua parte masculina). Entretanto, em um caso mais profundo, o

[7] SG, RII, pp. 626, 701.

[8] SG, RII, pp. 907, 967. Cf. o comentário de Roger Kempf, "Les cachotteries de M. de Charlus", *Critique*, n° 248, janeiro de 1968.

[9] SG, RII, p. 620.

[10] SG, RII, pp. 602, 626.

indivíduo globalmente determinado como masculino fecundará sua parte feminina por meio de objetos parciais que podem ser encontrados tanto numa *[165]* mulher quanto num homem. Aí está o fundo do transexualismo segundo Proust: não mais uma *homossexualidade global e específica* em que os homens se relacionam com os homens e as mulheres com as mulheres numa separação de duas séries, mas uma *homossexualidade local e não específica* em que o homem procura também o que há de homem na mulher, e a mulher, o que há de mulher no homem; e isso na contiguidade compartimentada dos dois sexos como objetos parciais.[11]

Daí o texto, aparentemente obscuro, em que Proust opõe à homossexualidade global e específica essa homossexualidade local e não específica: "Uns, os que tiveram a infância mais tímida sem dúvida, pouco se preocupam com a qualidade material do prazer que recebem, contanto que possam referi-lo a um rosto masculino. Enquanto outros, dotados indubitavelmente de sentidos mais violentos, dão a seu prazer material imperiosas localizações. Estes chocariam talvez com suas confissões a média das pessoas. Talvez vivam menos exclusivamente sob o signo de Saturno, já que para eles as mulheres não estão totalmente excluídas como para os primeiros... Mas os segundos buscam aquelas que gostam de mulheres, podem conseguir-lhes algum jovem, aumentar-lhes o prazer que sentem em encontrar-se com ele; além disso, podem, da mesma forma, achar nelas o mesmo prazer que com *[166]* um homem. Daí que o ciúme só é excitado naqueles que amam os primeiros, pelo prazer que poderiam ter com um homem e que é o único que lhes parece uma traição, já que não participam do amor das mulheres, não o praticaram senão como costume e para reservar-se a possibilidade do matrimônio, imaginando tão escassamente o gozo que este pode proporcionar, que não os faz sofrer a não ser que o experimente aquele a quem amam, ao passo que os segundos

---

[11] Gide, que milita pelos direitos de uma homossexualidade-*logos*, critica em Proust o fato de considerar apenas os casos de inversão e de efeminação. Ele permanece no segundo nível, não parecendo absolutamente ter compreendido a teoria proustiana. (O mesmo acontece com aqueles que se limitam ao tema da culpabilidade em Proust.)

muitas vezes inspiram ciúmes por causa de seus amores com mulheres. Porque, nas relações que com elas mantêm, representam para a mulher que gosta das mulheres o papel de outra mulher, e a mulher lhes oferece ao mesmo tempo aproximadamente o que encontram eles no homem...".[12] Se compreendermos o sentido desse transexualismo como último nível da teoria proustiana, e sua relação com a prática das compartimentações, não apenas se esclarecerá a metáfora vegetal, como também se tornará totalmente grotesca a pergunta sobre o grau de "transposição" que Proust teria realizado, como se acredita, para transformar Albert em Albertine, mais grotesco ainda seria apresentar como uma revelação a descoberta de que Proust deve ter tido algumas relações amorosas com mulheres. É o caso de dizer que realmente a vida não dá nenhuma contribuição para a obra ou para a teoria, pois a obra ou a teoria se ligam à vida secreta por um liame mais profundo do que o de todas as biografias. Basta seguir o que Proust explica em seu grande relato de Sodoma e Gomorra: o transexualismo, isto é, a homossexualidade local e não específica, fundada na compartimentação contígua [167] dos sexos-órgãos ou dos objetos parciais, que se descobre sob a homossexualidade global e específica fundada na independência dos sexos-pessoas ou das séries de conjunto.

O ciúme é o delírio próprio dos signos. Encontra-se em Proust a confirmação de um liame fundamental entre o ciúme e a homossexualidade, embora lhe dê uma interpretação inteiramente nova. Na medida em que o ser amado contém mundos possíveis (Srta. de Stermaria e a Bretanha, Albertine e Balbec) trata-se de explicar, de desdobrar todos esses mundos. Mas, porque esses mundos só têm valor pelo ponto de vista que o amado tem sobre eles, e que determina a maneira como se enrolam neles, o amante nunca poderá ser suficientemente *tomado* nesses mundos sem ser ao mesmo tempo excluído deles pois só lhes pertence como coisa vista, portanto, também como coisa quase não vista, quase não notada, excluída do Ponto de vista superior a partir do qual se faz a seleção. O olhar do ser amado só me integra na paisagem e circunvizinhanças excluindo-me do ponto de vista impenetrável a partir do qual

[12] SG, RII, p. 622.

Os níveis da *Recherche*

a paisagem e circunvizinhanças nele se organizam: "Se me vira, que lhe poderia eu significar? Do âmago de que universo me distinguia ela? Ser-me-ia tão difícil dizê-lo como, ao nos aparecerem ao telescópio certas particularidades em um astro vizinho, seria desastrado concluir que ali habitam seres humanos, que eles nos veem e que ideias essa visão acaso lhes despertou".[13] Do mesmo modo, as preferências ou as carícias do amado só me tocam [168] quando delineiam a imagem dos mundos possíveis em que outros foram, são ou serão preferidos.[14] Razão pela qual, em segundo lugar, o ciúme não é mais simplesmente a explicação dos *mundos possíveis* envolvidos no ser amado (em que outros, parecidos comigo, podem ser vistos e escolhidos), mas a descoberta do *mundo incognoscível* que representa o ponto de vista do próprio amado e que se desenvolve em sua série homossexual. Nele o amado só está em relação com seres iguais a ele, mas diferentes de mim, fontes de prazeres que me são desconhecidos e impraticáveis: "Era uma *terra incognita* terrível a em que eu acabara de aterrar, uma fase nova de sofrimentos insuspeitados que se abriam".[15] Finalmente, em terceiro lugar, o ciúme descobre a transexualidade do ser amado, tudo aquilo que se oculta ao lado de seu sexo aparente globalmente determinado, os outros sexos contíguos e não comunicantes, e os estranhos insetos encarregados de estabelecer a comunicação entre esses lados — em suma, a descoberta dos objetos parciais, ainda mais cruel do que a das pessoas rivais.

Há uma lógica do ciúme que é das caixas entreabertas e dos vasos fechados e que consiste em sequestrar, em enclausurar o ser amado. É essa a lei que Swann pressente no final de seu amor por Odette e que o narrador já percebe em seu amor pela mãe, sem ter ainda força para aplicá-la, e finalmente aplicará em seu amor por Albertine.[16] Toda a filiação secreta [169] da *Recherche*, os tenebrosos cativos. Sequestrar é, em primeiro lugar, esvaziar o ser ama-

[13] JF, RI, p. 794.

[14] CS, RI, p. 276.

[15] SG, RII, p. 1115.

[16] JF, RI, p. 563; AD, RIII, p. 434.

do de todos os mundos possíveis que ele contém, é decifrar e explicar esses mundos; mas é também relacioná-los com o ponto de envolvimento, com a dobra que marca seu pertencimento ao ser amado.[17] Em seguida, é cortar a série homossexual que constitui o mundo desconhecido do amado; mas é também descobrir a homossexualidade como o pecado original do amado, cujo sequestro é a forma de punição. Finalmente, sequestrar é impedir os lados contíguos, os sexos e os objetos parciais de se comunicarem na dimensão transversal frequentada pelo inseto (o terceiro objeto); é fechá-los em si mesmos, interrompendo as malditas trocas; mas é também colocá-los um do lado do outro e deixá-los inventar seu sistema de comunicação que sempre nos surpreende, que cria prodigiosos acasos e despista nossas suspeitas (o segredo dos signos). Há uma relação impressionante entre o sequestro causado pelo ciúme, a paixão de ver e a ação de profanar — a trindade proustiana: sequestro, voyeurismo e profanação. Pois aprisionar é colocar-se na posição de ver sem ser visto, isto é, sem se arriscar a ser dominado pelo ponto de vista do outro que nos expulsava do mundo ao mesmo tempo que nos incluía. Como ver Albertine dormir. Ver é reduzir o outro aos lados contíguos não comunicantes que o constituem e esperar o modo de comunicação transversal que essas metades compartimentadas encontrarão um jeito de criar. Assim ver é ultrapassado na tentação de fazer ver, de [170] mostrar, mesmo que seja simbolicamente. Fazer ver é impor a alguém a contiguidade de um espetáculo estranho, abominável, hediondo. É não apenas impor-lhe a visão dos vasos fechados e contíguos, objetos parciais entre os quais se esboça um acoplamento contranatureza, mas também tratar esse alguém como se ele próprio fosse um desses objetos, um desses lados contíguos que devem comunicar-se transversalmente.

Daí o tema da profanação, tão caro a Proust. A Srta. Vinteuil põe a fotografia de seu pai em contiguidade com seus brinquedos sexuais. O narrador põe móveis de família numa casa de tolerância. Sendo beijado por Albertine ao lado do quarto materno, ele pode reduzir a mãe ao estado de objeto parcial (língua) contíguo

[17] P, RIII, pp. 172-4.

ao corpo de Albertine. Sonhando, ele põe seus pais em jaulas como se fossem ratos feridos, abandonados aos movimentos transversais que os atravessam e os fazem sobressaltar-se. Profanar é sempre fazer a mãe (ou o pai) funcionar como objeto parcial, isto é, compartimentá-la, fazê-la ver um espetáculo contíguo e até mesmo fazê-la atuar nesse espetáculo que ela não pode mais interromper e do qual não pode escapar, fazê-la juntar-se ao espetáculo.[18]

Freud assinalou duas angústias fundamentais em relação com a lei: a agressividade contra o ser amado acarreta, por um lado, uma ameaça de perda de amor, por outro lado, uma culpabilidade por uma volta da agressividade contra [171] si próprio. A segunda figura dá à lei uma consciência depressiva, mas a primeira é uma consciência esquizoide da lei. Ora, em Proust o tema da culpabilidade permanece superficial, mais social do que moral, mais projetado sobre os outros do que interiorizado no narrador, distribuído nas séries estatísticas. Em compensação, a perda do amor define realmente o destino ou a lei: *amar sem ser amado*, visto que o amor implica a apreensão desses mundos possíveis no amado, que me expulsam ao mesmo tempo que me aprisionam, culminando no incognoscível mundo homossexual; mas também *deixar de amar*, visto que o esvaziamento dos mundos, a explicação do amado acarretam a morte do eu que ama.[19] "Ser duro e pérfido com aquele que se ama", visto que se trata de sequestrá-lo, de vê-lo quando ele não mais nos pode ver, e depois fazer-lhe ver cenas compartimentadas de que ele é o teatro vergonhoso ou simplesmente o aterrorizado espectador. Sequestrar, ver, profanar, resume toda a lei do amor.

Isso significa que a lei em geral, num mundo privado de *logos*, rege as partes sem todo, de que vimos a natureza entreaberta ou fechada. Em vez de reuni-las ou de aproximá-las num mesmo

[18] Proust geralmente expõe esse tema da profanação, tão frequente em sua obra e em sua vida, em termos de "crença": por exemplo, CS, RI, pp. 162-4. Ele nos parece, antes, remeter a uma técnica de contiguidades, compartimentações e comunicações entre vasos fechados.

[19] Amar sem ser amado: JF, RI, p. 927. Deixar de amar: JF, RI, pp. 610-11; P, RIII, p. 173. Ser insensível e pérfido com aquele que se ama: P, RIII, p. 111.

mundo, ela mede sua separação, seu afastamento, sua distância, sua compartimentação, instaurando apenas comunicações aberrantes entre os vasos não comunicantes, unidades transversais entre as caixas que repelem qualquer totalização, inserindo à força em determinado mundo o fragmento de outro mundo, impelindo os mundos e *[172]* os diversos pontos de vista para o infinito vazio das distâncias. É por essa razão que, desde o nível mais elementar, a lei como lei social ou natural aparece do lado do telescópio e não do microscópio. Sem dúvida, muitas vezes Proust faz uso do vocabulário do infinitamente pequeno: o rosto, ou melhor, os rostos de Albertine diferem por "um desvio de linhas infinitesimais", os rostos das jovens do grupo diferem "pelas diferenças infinitamente pequenas das linhas".[20] Mas, mesmo aí, os pequenos desvios de linhas só adquirem valor como portadores de cores que se afastam e se distanciam uns dos outros, modificando suas dimensões. O instrumento da *Recherche* é o telescópio e não o microscópio, porque as distâncias infinitas subtendem sempre as atrações infinitesimais e também porque o tema do telescópio reúne as três figuras proustianas daquilo que se vê de longe, do choque entre mundos e do desdobramento das partes umas nas outras. "Em breve pude mostrar alguns esboços. Ninguém entendeu nada. Até mesmo aqueles que foram favoráveis à minha percepção das verdades que queria em seguida gravar no tempo, me felicitaram por tê-las descoberto no 'microscópio', quando, ao contrário, eu me servira de um telescópio para perceber coisas efetivamente muito pequenas, mas porque estavam situadas a longas distâncias, cada uma num mundo. Procurara as grandes leis, e tachavam-me de investigador de pormenores."[21] O salão do restaurante comporta tantos astros quanto mesas *[173]* em torno das quais os garçons executam suas evoluções; o grupo das jovens tem movimentos aparentemente irregulares cujas leis só podem ser conhecidas por pacientes observações, "astronomia apaixonada"; o mundo envolvido em Albertine tem as particularidades daquilo que vislumbramos

[20] CG, RII, p. 366; JF, RI, pp. 945-6.
[21] TR, RIII, p. 1041.

em um astro "graças ao telescópio".[22] E, se o sofrimento é um sol, é porque seus raios atravessam as distâncias num salto sem anulá--las. É o que vimos com relação à contiguidade, com relação à compartimentação das coisas contíguas: a contiguidade não reduz a distância ao infinitamente pequeno, mas afirma, alonga uma distância sem intervalo, em conformidade com uma lei sempre astronômica, sempre telescópica, que rege os fragmentos de universos disparatados.

[22] JF, RI, pp. 794, 810, 831.

Capítulo IV
AS TRÊS MÁQUINAS
[174]

Ora, o telescópio funciona. Telescópio psíquico para uma "astronomia apaixonada", a *Recherche* não é apenas um instrumento de que Proust se serve ao mesmo tempo que o fabrica. É também um instrumento para os outros, cujo uso eles devem aprender: "Eles não seriam meus leitores, mas leitores deles mesmos, meu livro não passando de uma espécie de lente de aumento, como os que oferecia a um freguês o dono da loja de instrumentos ópticos de Combray, o livro graças ao qual eu lhes forneceria o meio de ler neles mesmos. Por isso não esperaria deles nem elogios nem ataques, mas apenas que me dissessem se estava certo, se as palavras lidas em si mesmos eram as que eu empregara (as possíveis divergências não provindo, aliás, sempre de erros meus, mas, algumas vezes, de não serem os olhos do leitor daqueles aos quais meu livro conviria para ler nele mesmo)".[1] E não apenas um instrumento: *[175]* a *Recherche* é uma máquina. A obra de arte moderna é tudo o que se quiser, isto, aquilo ou aquilo outro; é mesmo de sua natureza ser tudo que se quiser, ter a sobredeterminação que se quiser, desde que *funcione*: a obra de arte moderna é uma máquina e funciona como tal. Malcolm Lowry diz esplendidamente de seu romance: "Pode-se considerá-lo uma espécie de sinfonia, ou uma espécie de ópera, ou até mesmo uma ópera-*western*; é jazz, poesia, canção, tragédia, comédia, farsa e assim por diante... é uma

---

[1] TR, RIII, p. 1033, e TR, RIII, p. 911: "Mas outras particularidades (como a inversão) podem fazer com que o leitor tenha necessidade de ler de determinada maneira para ler bem; o autor não deve com isso se ofender, mas, ao contrário, deixar a maior liberdade ao leitor, dizendo-lhe: Experimente se você vê melhor com essas lentes, com aquelas, com aquelas outras".

profecia, uma advertência política, um criptograma, um filme burlesco e um *mene-tequel-peres*. Pode-se considerá-lo até mesmo como uma espécie de maquinaria; e ela funciona muito bem, estejam certos, pois eu mesmo já a experimentei".[2] Proust diz a mesma coisa quando nos aconselha, não a ler sua obra, mas a nos servirmos dela para lermos em nós mesmos. Não há uma sonata ou um septeto na *Recherche*; é a própria *Recherche* que é uma sonata, um septeto e também uma ópera-bufa; e Proust acrescenta: uma catedral ou ainda um vestido.[3] É uma profecia sobre os sexos, uma advertência política que chega até nós vinda do fundo do caso Dreyfus e da Guerra de 1914, um criptograma que decodifica e recodifica todas as nossas linguagens sociais, diplomáticas, estratégicas, eróticas, estéticas, um *[176] western* ou um filme burlesco sobre a Prisioneira, um *mene-tequel-peres*, um manual mundano, um tratado de metafísica, um delírio dos signos ou de ciúme, um exercício de adestramento das faculdades. Tudo o que se quiser, contanto que se faça funcionar o conjunto, e "isso funciona, estejam certos". Ao *logos*, órgão e órganon, cujo sentido é preciso descobrir no todo a que pertence, se opõe o antilogos, máquina e maquinaria cujo sentido (tudo o que se quiser) depende unicamente do funcionamento, e este, das peças separadas. A obra de arte moderna não tem problema de sentido, só tem um problema de uso.

Por que uma máquina? Porque a obra de arte, assim compreendida, é essencialmente produtora: produtora de certas verdades. Ninguém mais do que Proust insistiu no seguinte ponto: a verdade é produzida e produzida por ordens de máquinas que funcionam em nós, extraída a partir de nossas impressões, aprofundada em nossa vida, manifestada em uma obra. Por isso Proust recusa com tanta veemência uma verdade que não seja produzida, mas apenas descoberta ou, ao contrário, criada, e um pensamento que se pressuporia a si mesmo pondo a inteligência em primeiro lugar, reunindo todas as suas faculdades em um uso voluntário correspondente à descoberta ou à criação (*logos*). "As ideias for-

[2] Malcolm Lowry, *Choix de lettres*, Paris, Denoël, 1968, pp. 86-7.

[3] TR, RIII, p. 1033.

madas pela inteligência pura só têm uma verdade *lógica*, uma verdade possível, sua escolha é arbitrária. O livro de caracteres figurados, não traçados por nós, é o nosso único livro. Não que as ideias por nós elaboradas não possam ser *logicamente* justas, mas não sabemos se são verdadeiras." E a imaginação criadora *[177]* não vale mais do que a inteligência descobridora ou observadora.[4]

Vimos anteriormente de que maneira Proust renovava a equivalência platônica criar-lembrar. É que lembrar e criar nada mais são do que dois aspectos da mesma produção — "interpretar", "decifrar", "traduzir" constituem o próprio processo de produção. É por ser produção que a obra de arte não coloca um problema particular de sentido, mas de uso.[5] Até mesmo pensar deve ser produzido no pensamento. Toda produção parte da impressão, porque apenas ela reúne em si o acaso do encontro e a necessidade do efeito, violência que ela nos faz sofrer. Toda produção parte, portanto, de um signo e supõe a profundidade e a obscuridade do involuntário. "A imaginação, o pensamento podem ser máquinas em si mesmo admiráveis, mas podem ficar inertes. O sofrimento as põe em movimento."[6] Então, como vimos, o signo, por sua natureza, aciona esta ou aquela faculdade, mas nunca todas ao mesmo tempo, impulsionando-a até o limite de seu exercício involuntário e disjunto, pelo qual ela produz o sentido. Uma espécie de classificação dos signos nos indicou as faculdades que entram em jogo nesse ou naquele caso e o tipo de sentido produzido (especialmente *leis gerais* ou *essências singulares*). Em todo caso, a faculdade escolhida sob coação do signo constitui o interpretar; *[178]* e o interpretar produz o sentido, a lei ou a essência segundo o caso, que é sempre um produto. Porque o sentido (verdade) nunca está na impressão nem mesmo na lembrança, mas se confunde com o "equivalente espiritual" da lembrança ou da impressão, produ-

[4] TR, RIII, p. 900: "Um homem dotado de sensibilidade e que não tivesse imaginação poderia, apesar disso, escrever romances admiráveis".

[5] Sobre o conceito de produção em suas relações com a literatura, cf. Pierre Macherey, *Pour une théorie de la production littéraire*, Paris, Maspéro, 1968.

[6] TR, RIII, p. 909.

zido pela máquina involuntária de interpretação.[7] É essa noção de equivalente espiritual que funda um novo liame entre lembrar-se e criar, e o funda em um processo de produção considerado como obra de arte.

A *Recherche* é a produção da verdade procurada. E não há exatamente a verdade, mas ordens de verdade, como ordens de produção; e não basta dizer que há verdades do tempo redescoberto e verdades do tempo perdido, porque a grande sistematização final distingue não apenas duas ordens de verdades, mas três. A primeira ordem parece dizer respeito ao tempo redescoberto, visto que engloba todos os casos de reminiscências naturais e de essências estéticas; a segunda e a terceira ordens parecem confundir-se no fluxo do tempo perdido e produzir verdades apenas secundárias, que são ditas ora "encaixar", ora "engastar" ou "cimentar" as da primeira ordem.[8] Entretanto, a determinação das matérias e o movimento do texto nos forçam a distinguir três ordens. A primeira ordem se define pelas reminiscências e essências, isto é, pelo mais *singular*, e pela produção do tempo redescoberto que lhes corresponde, pelas condições e pelos agentes *[179]* dessa produção (signos naturais e artísticos). A segunda ordem também diz respeito à arte e à obra de arte, mas agrupa os prazeres e os sofrimentos que não alcançam plenitude em si mesmos, que remetem a outra coisa, mesmo se essa outra coisa e sua finalidade permanecem despercebidas, signos mundanos e signos amorosos, em suma, tudo aquilo que obedece a leis *gerais* e intervém na produção do tempo perdido (pois o tempo perdido também é questão de produção). Enfim, a terceira ordem diz sempre respeito à arte, mas se define pela alteração *universal*, a morte e a ideia da morte, a produção de catástrofe (signos de envelhecimento, de doença, de morte). No que se refere ao movimento do texto, não é absolutamente da mesma maneira que as verdades de segunda ordem vêm secundar ou "encaixar" as de primeira, dando-lhes uma espécie de correspondente, de prova *a contrario* em outro campo de produ-

[7] TR, RIII, p. 879. Até mesmo a memória, ainda muito material, tem necessidade de um *equivalente espiritual*: cf. P, RIII, pp. 374-5.

[8] TR, RIII, pp. 898, 932, 967.

ção, e que as da terceira ordem vêm, sem dúvida, "engastar" e "cimentar" as da primeira, opondo-lhes, porém, uma verdadeira "objeção" que deverá ser "superada" entre essas duas ordens de produção.[9] *[180]*

Todo o problema reside na natureza dessas três ordens. Se não seguirmos a ordem de apresentação do tempo redescoberto, que necessariamente lhe dá a primazia a este do ponto de vista da exposição final, deveremos considerar como ordem primária os sofrimentos e os prazeres não plenos, de finalidade indeterminada, que obedecem a leis gerais. Ora, estranhamente, Proust agrupa aqui os valores da mundanidade com seus prazeres frívolos, os valores do amor com seus sofrimentos e até mesmo os valores do sono com seus sonhos. Na "vocação" de um homem de letras, eles constituem um "aprendizado", isto é, a familiaridade com uma matéria bruta que só será reconhecida mais tarde no produto final.[10] São, sem dúvida, signos extremamente diferentes, especialmente os signos mundanos e os signos do amor, mas vimos anteriormente que seu ponto de vista comum se encontrava na faculdade que os interpretava — a inteligência, mas uma inteligência que vem *depois*, em vez de vir antes, forçada pela coação do signo — e no sentido que corresponde a esses signos: sempre uma lei geral, quer seja ela a de um grupo, como na mundanidade, ou a de uma série de seres amados, como no amor. Mas estas são ainda semelhanças grosseiras. Se considerarmos mais detidamente esta primeira espécie de máquina, veremos que ela se define, antes de

[9] A organização do Tempo redescoberto a partir da "matinê em casa da Sra. de Guermantes" é portanto a seguinte: a) a ordem das reminiscências e das essências singulares como primeira dimensão da obra de arte, TR, RIII, pp. 866-96; b) transição sobre o sofrimento e o amor em virtude das exigências da obra de arte total, TR, RIII, pp. 896-8; c) a ordem dos prazeres e dos sofrimentos, com suas leis gerais, como segunda dimensão da obra de arte, confirmando a primeira, TR, RIII, pp. 899-917; d) transição, retorno à primeira dimensão, TR, RIII, pp. 918-20; e) a ordem da alteração e da morte, como terceira dimensão da obra de arte, contradizendo a primeira, mas superando a contradição, TR, RIII, pp. 921-1029; f) o Livro com suas três dimensões, TR, RIII, pp. 1029-48.

[10] TR, RIII, pp. 890-907.

mais nada, por uma produção de *objetos parciais*, tais como foram definidos anteriormente: fragmentos sem totalidade, partes dividi-das, vasos sem comunicação, cenas compartimentadas. Melhor ainda, se há sempre uma lei geral, é no sentido particular *[181]* que Proust lhe dá: não reunindo em um todo, mas, ao contrário, determinando as distâncias, os afastamentos, as compartimenta-ções. Se os sonhos aparecem nesse grupo, é por sua capacidade de encaixar fragmentos, de fazer girar diferentes universos e de trans-por "distâncias enormes" sem anulá-las.[11] As pessoas com quem sonhamos perdem seu caráter global e são tratadas como objetos parciais, ou porque uma parte delas é destacada pelo nosso sonho, ou porque elas funcionam inteiramente como tais objetos. Ora, era exatamente isto que nos oferecia o material mundano: a pos-sibilidade de destacar, como num sonho frívolo, um movimento de ombros de uma pessoa e um movimento de pescoço de outra, não para totalizá-los, mas para compartimentá-los um ao lado do outro.[12] Com maior razão, é o que nos oferece o material amoro-so, em que cada um dos seres amados funciona como objeto par-cial, "reflexo fragmentário" de uma divindade cujos sexos com-partimentados são percebidos sob a pessoa global. Enfim, a ideia de lei geral, em Proust, é inseparável da produção dos objetos par-ciais e da produção das verdades de grupo ou das verdades de sé-rie correspondentes.

O segundo tipo de máquina produz ressonâncias, efeitos de ressonância. Os mais célebres são os da memória involuntária, que fazem ressoar dois momentos, um atual e um antigo. O próprio desejo tem efeitos de ressonância (por isso os campanários de Mar-tinville não são um caso de reminiscência). Mais ainda, a arte pro-duz ressonâncias que não são *[182]* da memória: "Impressões obs-curas me haviam, às vezes... solicitado o pensamento, como as re-miniscências, mas elas escondiam, não uma sensação de outrora, mas uma verdade nova, uma imagem preciosa que eu tentava des-cobrir por esforços semelhantes aos que fazemos para recordar al-

---

[11] TR, RIII, p. 911.

[12] TR, RIII, p. 900.

guma coisa".[13] Pois a arte faz ressoar dois objetos longínquos "pelo vínculo indescritível de uma aliança de palavras".[14] Não se deve pensar que essa nova ordem de produção suponha a produção anterior dos objetos parciais e se estabeleça a partir deles; seria falsear a relação existente entre as duas ordens, que não é de fundação. A relação é, antes, como que entre tempos plenos e tempos vazios, ou melhor, do ponto de vista do produto, entre verdades do tempo redescoberto e verdades do tempo perdido. A ordem da ressonância se distingue pelas faculdades de extração ou de interpretação que ela aciona e pela qualidade de seu produto que é também modo de produção: não mais uma lei geral, de grupo ou de série, mas uma essência singular, essência local ou localizante no caso dos signos de reminiscência, essência individuante no caso dos signos da arte. A ressonância não se baseia em pedaços que lhe seriam fornecidos pelos objetos parciais; ela não totaliza pedaços que viriam de outro lugar. Ela extrai seus próprios pedaços e os faz ressoar segundo sua finalidade específica, mas não os totaliza, visto que se trata sempre de um "corpo a corpo", *[183]* de uma "luta" ou de um "combate".[15] O que é produzido pelo processo de ressonância, na máquina de fazer ressoar, é a essência singular, o Ponto de vista superior aos dois momentos que ressoam, em ruptura com a cadeia associativa que vai de um a outro: Combray em sua essência tal como não foi vivida; Combray como Ponto de vista, tal como nunca foi vista.

Constatamos anteriormente que o tempo perdido e o tempo redescoberto tinham uma mesma estrutura de divisão ou de fragmentação. Não é por aí que eles se distinguem. Seria tão falso apresentar o tempo perdido como improdutivo em sua ordem, quanto apresentar o tempo redescoberto como totalizante na sua. Há, ao contrário, dois processos de produção complementares, cada qual definido pelos pedaços que fragmenta, por seu regime e seus produtos, pelo tempo pleno ou pelo tempo vazio que nele se encontra.

[13] TR, RIII, p. 878.
[14] TR, RIII, p. 889.
[15] P, RIII, p. 260; TR, RIII, p. 874.

Razão pela qual Proust não vê oposição entre os dois, mas define a produção dos objetos parciais como secundando e encaixando a das ressonâncias. Assim, a "vocação" do homem de letras não é apenas feita do aprendizado ou da finalidade indeterminada (tempo vazio), mas do êxtase ou da meta final (tempo pleno).[16]

O que é novo em Proust, o que faz o eterno sucesso e a eterna significação da *madeleine* não é a simples existência desses êxtases ou desses [184] instantes privilegiados. Há inúmeros exemplos desses instantes na literatura.[17] Também não é a maneira original como Proust os apresenta e os analisa com seu estilo peculiar. É, antes, o fato de que ele os produz, e de que esses instantes se tornam o efeito de uma máquina literária. Daí a multiplicação das ressonâncias no final da *Recherche*, em casa da Sra. de Guermantes, como se a máquina se revelasse a todo vapor. Não mais se trata de uma experiência extraliterária que o homem de letras relata ou de que se aproveita, mas de uma experimentação artística produzida pela literatura, de um efeito literário, no sentido em que se fala de efeito elétrico, eletromagnético etc. É o caso de se dizer: isto funciona. Que a arte seja uma máquina de produzir, e notadamente de produzir efeitos, disso Proust teve plena consciência. Efeitos sobre os outros, visto que os leitores ou espectadores começarão a descobrir, neles mesmos ou fora deles, efeitos análogos aos que a obra de arte produziu. "Mulheres passam na rua, diferentes das de outrora, pois são pinturas de Renoir, pinturas em que recusávamos anteriormente de ver mulheres. Os carros também são Renoir, e a água e o céu."[18] Neste sentido Proust se refere a seus livros como óculos, um instrumento de óptica. Há sempre alguns imbecis que acham uma tolice ter experimentado, após a leitura de Proust, fenômenos análogos às ressonâncias que ele descreve; há sempre [185] alguns pedantes que se perguntam se não se trata de casos de paramnésia, de ecmnésia, de hipermnésia,

[16] Sobre o caráter extático da ressonância, cf. TR, RIII, pp. 874-5.

[17] Cf. a bela análise de Michel Souriau, "La matière, la lettre et le verbe", *Recherches Philosophiques*, III, Paris, J. Vrin, 1934.

[18] CG, RII, p. 327.

quando a originalidade de Proust é justamente ter realizado, neste domínio clássico, uma repartição e uma mecânica que antes dele não existia. Mas não se trata apenas de efeitos produzidos sobre os outros; *é a obra de arte que produz em si mesma e sobre si mesma seus próprios efeitos, e deles se sacia, deles se nutre*: ela se alimenta das verdades que engendra.

É importante que se entenda: o que é produzido não é apenas a interpretação que Proust dá desses fenômenos de ressonância ("a procura das causas"); é todo fenômeno que é interpretação. Há certamente um aspecto objetivo do fenômeno; o aspecto objetivo, por exemplo, é o sabor da *madeleine* como qualidade comum aos dois momentos. Do mesmo modo, há certamente um aspecto subjetivo: a cadeia associativa que liga toda Combray vivida a esse sabor. Mas se a ressonância tem assim condições objetivas e subjetivas, o que ela produz é de natureza totalmente diferente, é a Essência, o Equivalente espiritual, visto que é uma Combray que nunca foi vista e que está em ruptura com a cadeia subjetiva. É por isso que produzir é diferente de descobrir e de criar; e toda a *Recherche* se desvia sucessivamente da observação das coisas e da imaginação subjetiva. Ora, quanto mais a *Recherche* opera essa dupla renúncia, essa dupla depuração, mais o narrador se apercebe de que não apenas a ressonância é produtora de um efeito estético, mas de que ela própria pode ser produzida, pode ser um efeito artístico.

Sem dúvida, é isso que o narrador não sabia *[186]* desde o início. Mas toda a *Recherche* implica um debate entre a arte e a vida, uma questão da relação entre elas que só obterá resposta no final do livro (e obterá resposta precisamente com a descoberta de que a arte não é apenas descobridora ou criadora, mas produtora). No decorrer da *Recherche*, se a ressonância como êxtase aparece como meta final da vida, não se percebe bem o que lhe pode a arte acrescentar, e o narrador tem com relação à arte as maiores dúvidas. É quando surge a ressonância como produtora de determinado efeito, em determinadas circunstâncias naturais, objetivas e subjetivas, e pela máquina inconsciente da memória involuntária. Mas, no final, vê-se o que a arte é capaz de acrescentar à natureza: ela produz as próprias ressonâncias, porque o *estilo* faz ressoar

As três máquinas   145 dois objetos quaisquer e deles extrai uma "imagem preciosa", *substituindo as condições determinadas de um produto natural inconsciente pelas livres condições de uma produção artística.*[19] Desde então a arte aparece no que ela é, a meta final da vida, que a vida não pode realizar por si mesma; e a memória involuntária, utilizando apenas ressonâncias dadas, é apenas um começo de arte na vida, uma primeira etapa.[20] A Natureza ou a vida, ainda pesadas demais, encontraram na arte seu equivalente espiritual. Até mesmo a memória involuntária encontrou seu equivalente espiritual, puro pensamento produzido e produtor. *[187]*

Todo o interesse se desloca então dos instantes naturais privilegiados para a máquina artística capaz de produzi-los ou reproduzi-los, de multiplicá-los: o Livro. A esse respeito só vemos comparação possível com Joyce e sua máquina de *epifanias*. Pois Joyce também começa procurando o segredo das epifanias do lado do objeto, em conteúdos significantes ou significações ideais, e depois na experiência subjetiva de um esteta. Somente quando os conteúdos significantes e as significações ideais desmoronam dando lugar a uma multiplicidade de fragmentos e de caos, e as formas subjetivas, dando lugar a um impessoal caótico e múltiplo, a obra de arte adquire seu sentido pleno, isto é, todos os sentidos que se quiser segundo seu funcionamento — o essencial é que ela funcione, estejam certos. Então o artista, e em seguida o leitor, é aquele que *"disentangles"* e *"re-embodies"*: ao fazer ressoar dois objetos, ele produz a epifania, extraindo a imagem preciosa das condições naturais que a determinam para reencarná-la nas condições artísticas escolhidas.[21] "Significante e significado se fundem por um curto-circuito poeticamente necessário, mas ontologicamente gratuito e imprevisto. A linguagem cifrada não se refere a um cosmo objetivo, exterior à obra; sua compreensão só tem valor no interior da

[19] TR, RIII, pp. 878, 889.

[20] TR, RIII, p. 889: "Não fora, desse ponto de vista, a própria natureza que me pusera no caminho da arte, não era ela um começo de arte?".

[21] Cf. Joyce, *Stephen herói* (vimos que o mesmo acontecia em Proust, e que, na arte, a própria essência determinava as condições de sua encarnação, em vez de depender de condições naturais dadas).

obra e se acha condicionada por sua estrutura. A obra como Todo propõe *[188]* novas convenções linguísticas a que ela se submete, e se torna a chave de seu próprio código."[22] Melhor ainda, a obra só é um todo, e num sentido novo, em virtude dessas novas convenções linguísticas.

Resta ainda a terceira ordem proustiana, a da alteração e da morte universais. O salão da Sra. de Guermantes, com o envelhecimento de seus convidados, nos faz assistir à distorção dos pedaços de rosto, à fragmentação dos gestos, à incoordenação dos músculos, às mudanças de coloração, à formação de musgos, liquens, manchas oleosas sobre os corpos, sublimes travestis, sublimes gagás. Por toda parte a proximidade da morte, o sentimento da presença de uma "coisa terrível", a impressão de um fim último ou até mesmo de uma catástrofe final em um mundo deslocado que não é apenas regido pelo esquecimento, mas corroído pelo tempo. "Lassas ou quebradas, as molas da máquina joeirante já não funcionavam mais..."[23]

Ora, esta última ordem suscita tanto mais problemas quanto parece inserir-se nas duas outras. Já não estava vigilante nos êxtases a ideia da morte e o deslizamento do antigo momento que se afastava a toda velocidade? Assim, quando o narrador se inclinava para desabotoar sua botina, tudo começava exatamente como no êxtase: o atual momento ressoava junto com o antigo, fazendo reviver a avó no gesto de se inclinar; mas a alegria era substituída por uma insuportável angústia: a conjugação dos dois momentos se desfazia dando lugar a uma violenta evasão do antigo, *[189]* numa certeza de morte e de nada.[24] Do mesmo modo, a sucessão dos eus distintos nos amores, ou até mesmo em cada amor, já continha uma longa teoria dos suicidas e dos mortos.[25] Entretanto, enquanto as duas primeiras ordens não colocavam nenhum problema quanto à sua conciliação, embora uma representasse o tem-

[22] Umberto Eco, *L'oeuvre ouverte*, Paris, Seuil, 1965, p. 231.

[23] TR, RIII, p. 957.

[24] SG, RII, p. 758.

[25] TR, RIII, p. 1037.

po vazio e a outra o tempo pleno, uma o tempo perdido e a outra o tempo redescoberto, há agora, ao contrário, uma conciliação a ser feita, uma contradição a ser superada entre essa terceira ordem e as duas outras (razão pela qual Proust, nesse ponto, fala da "mais grave das objeções" contra seu empreendimento). É que os objetos e os eus parciais da primeira ordem levam à morte uns aos outros, uns em relação aos outros, cada um permanecendo indiferente à morte do outro: portanto, eles ainda não extraem a *ideia da morte*, como que impregnando uniformemente todos os pedaços, arrastando-os em direção a um fim último universal. Com maior razão se manifesta uma "contradição" entre a sobrevivência da segunda ordem e o nada da terceira; entre "a fixidez da lembrança" e "a alteração das criaturas", entre a meta final extática e o fim último catastrófico.[26] Contradição que não é resolvida com a lembrança da avó, mas exige ainda mais um aprofundamento: "Esta impressão dolorosa e incompreensível atualmente, não sabia eu por certo se haveria de arrancar-lhe um pouco de verdade algum dia, mas sabia que *[190]* se pudesse extrair-lhe esse pouco de verdade só poderia ser dela, tão particular, tão espontânea, que não a traçara a minha inteligência nem a atenuara a minha pusilanimidade, mas que a própria morte, a brusca revelação da morte, como um raio, tinha cavado em mim um duplo e misterioso sulco, segundo um gráfico sobrenatural e inumano".[27] A contradição aparece aqui em sua forma mais aguda. As duas primeiras ordens eram produtivas e assim sua conciliação não colocava problema particular; mas a terceira, dominada pela ideia de morte, parece absolutamente catastrófica e improdutiva. Pode-se conceber uma máquina capaz de extrair alguma coisa a partir desse tipo de impressão dolorosa e de produzir determinadas verdades? Enquanto não pudermos concebê-la, a obra de arte encontra "a mais grave das objeções".

Em que consiste, portanto, essa ideia da morte, inteiramente diferente da agressividade da primeira ordem (um pouco como, na

[26] SG, RII, pp. 759-60; TR, RIII, p. 988.
[27] SG, RII, p. 759.

psicanálise, o instinto de morte se distingue das pulsões destruidoras parciais)? Ela consiste num determinado efeito de Tempo. Sendo dados dois estados de uma mesma pessoa, um antigo, de que nos lembramos, e outro atual, a impressão de envelhecimento de um a outro tem por efeito fazer recuar o antigo "num passado mais do que remoto, quase inverossímil", como se tivessem passado períodos geológicos.[28] Pois "na apreciação do tempo que passou só o primeiro passo custa. Experimenta-se a princípio muita dificuldade de imaginar tanto tempo *[191]* decorrido, e depois de aceitar que não tenha passado ainda mais tempo. Nunca se tinha pensado que o século XIII estivesse tão longe, e depois se tem dificuldade de acreditar que ainda possam existir igrejas do século XIII".[29] É assim que o movimento do tempo, de um passado ao presente, é acompanhado de um *movimento forçado de maior amplitude*, em sentido inverso, que varre os dois momentos, ressalta o intervalo entre eles e faz o passado recuar ainda mais no tempo. É esse segundo movimento que constitui, no tempo, um "horizonte". Não se deve confundi-lo com o eco de ressonância; ele dilata infinitamente o tempo, enquanto a ressonância o contrai ao máximo. A ideia da morte é, desde então, muito menos um corte do que um efeito de mistura ou de confusão, visto que a amplitude do movimento forçado é ocupada tanto pelos vivos quanto pelos mortos, todos agonizantes, todos semimortos ou com os pés na cova.[30] Mas essa meia morte é também a estatura dos gigantes, visto que no seio de amplitude desmesurada pode-se descrever os homens como seres monstruosos "ocupando no Tempo um lugar mais considerável do que o tão restrito a eles reservado no espaço. Um lugar, ao contrário, prolongado desmesuradamente, pois, como gigantes, eles tocam simultaneamente, imersos nos anos, épocas de suas vidas tão distantes — entre as quais tantos dias cabem — no Tempo".[31] A essa altura, já estamos perto de resolver a objeção ou

[28] TR, RIII, pp. 939-40.

[29] TR, RIII, p. 933.

[30] TR, RIII, p. 977.

[31] TR, RIII, p. 1048.

a contradição. A ideia da morte deixa de ser uma "objeção" *[192]* desde que se possa ligá-la a uma ordem de produção, concedendo-lhe portanto um lugar na obra de arte. O movimento forçado de grande amplitude é uma máquina que produz o efeito de recuo ou a ideia de morte; e, nesse efeito, é o próprio tempo que se torna sensível: "O tempo habitualmente invisível, que, para deixar de sê-lo, vive à cata dos corpos e, mal os encontra, logo deles se apodera a fim de exibir sobre eles sua lanterna mágica", dividindo os pedaços e os traços de um rosto que envelhece, seguindo sua "dimensão inconcebível".[32] Uma máquina de terceira ordem vem juntar-se às duas precedentes, que produz o movimento forçado e, por meio dele, a ideia de morte.

Que se passou na lembrança da avó? Um movimento forçado se conectou com uma ressonância. A amplitude portadora da ideia de morte varreu os instantes ressonantes. Mas a contradição tão violenta entre o tempo redescoberto e o tempo perdido se resolve desde que se ligue cada um dos dois à sua ordem de produção. Na produção do Livro, a *Recherche* põe em ação três espécies de máquinas: *máquinas de objetos parciais (pulsões)*, *máquinas de ressonância (Eros)*, *máquinas de movimento forçado (Thanatos)*. Cada uma produz verdades, pois é próprio da verdade ser produzida, e ser produzida como um efeito de tempo. O tempo perdido, por fragmentação dos objetos parciais; o tempo redescoberto, por ressonância; o tempo perdido de outra maneira, por amplitude do movimento forçado, essa perda se dando então na obra e se tornando a condição de sua forma.

[32] TR, RIII, pp. 924-5.

Capítulo V
O ESTILO
[193]

Qual é essa forma e como são organizadas as ordens de produção, ou de verdade, as máquinas umas nas outras? Nenhuma tem função de totalização. O essencial é que as partes da *Recherche* permanecem divididas, fragmentadas, *sem que nada lhes falte*: partes eternamente parciais levadas pelo tempo, caixas entreabertas e vasos fechados, sem formar nem supor um todo, sem nada faltar nessa separação, e denunciando de antemão toda unidade orgânica que se queira introduzir. Quando Proust compara sua obra a uma catedral ou a um vestido não é para defender um *logos* como bela totalidade, mas, ao contrário, para fazer valer o direito ao inacabado, às costuras e aos remendos.[1] O tempo não é um todo, pela simples razão de ser a instância que impede o todo. O mundo não tem conteúdos significantes, pelos quais se poderia sistematizá-lo, nem significações ideais, pelas quais se poderia ordená-lo, hierarquizá-lo. *[194]* Tampouco o sujeito possui uma cadeia associativa que possa contornar o mundo ou conferir-lhe unidade. Voltar-se para o sujeito não é mais proveitoso do que observar o objeto: o "interpretar" anula tanto um quanto o outro. Além disso, toda cadeia associativa se rompe dando lugar a um Ponto de vista superior ao sujeito. Mas esses pontos de vista sobre o mundo, verdadeiras Essências, não formam por sua vez uma unidade nem uma totalidade: dir-se-ia que um universo corresponde a cada um, não se comunicando com os outros, afirmando sua diferença irredutível, tão profunda quanto a dos mundos astronômicos. Até mesmo na arte, em que os pontos de vista são os mais puros, "cada artista parece assim como que o cidadão de uma pátria desco-

---

[1] TR, RIII, pp. 1033-4.

nhecida, esquecida dele próprio, diferente daquela de onde virá, rumo à terra, outro grande artista".[2] É exatamente isso que define o estatuto da essência: ponto de vista individuante, superior aos próprios indivíduos, em ruptura com suas cadeias de associações, ela aparece *ao lado* dessas cadeias, encarnada em uma parte fechada, *adjacente* ao que ela domina, *contígua* ao que mostra. Até mesmo a igreja, ponto de vista superior à paisagem, tem como efeito compartimentar essa paisagem e surge, ela própria, numa *[195]* sinuosidade da estrada, como última parte compartimentada, adjacente à série que por ela é definida. É o mesmo que dizer que as Essências, como as Leis, não têm o poder de se unificar, nem de se totalizar. "Um rio que corre por baixo das pontes de uma cidade era focalizado de um *ponto de vista* que aparecia totalmente deslocado, aqui se espraiando em lago, ali feito filetes, interrompido em outro lugar pela interposição de uma colina coberta de árvores onde os moradores vão respirar o frescor da tarde; e o próprio ritmo dessa cidade agitada estava tão somente assegurado pela vertical inflexível dos campanários, que não subiam, mas, conforme o prumo da gravidade, marcando a cadência como numa marcha triunfal, pareciam manter em suspenso, abaixo deles, toda a massa mais confusa das casas escalonadas na bruma, ao longo do rio esmagado e desfeito."[3]

O problema é colocado por Proust em vários níveis. O que constitui a unidade de uma obra? O que nos faz "comunicar" com uma obra? O que constitui a unidade da arte, se é que existe uma? Desistimos de procurar uma unidade que unificasse as partes, um todo que totalizasse os fragmentos, porque é da própria natureza das partes e dos fragmentos excluir o *Logos*, tanto como unidade

[2] P, RIII, p. 257. Essa é mesmo a potência da arte: "Só pela arte podemos sair de nós, saber o que outra pessoa vê desse universo que não é o mesmo que o nosso, cujas paisagens nos teriam permanecido tão desconhecidas quanto as que podem existir na Lua. Graças à arte, em vez de contemplar um só mundo, o nosso, nós o vemos se multiplicar, e dispomos de tantos mundos quantos artistas originais existem, mais diferentes uns dos outros do que os que giram no infinito..." (TR, RIII, pp. 895-6).

[3] JF, RI, pp. 839-40.

lógica quanto como totalidade orgânica. Mas há, deve haver, uma unidade que é a unidade *desse* múltiplo, *dessa* multiplicidade, como um todo *desses* fragmentos; um Uno e um Todo que não seriam princípio, mas, ao contrário, "o efeito" do múltiplo e de suas partes fragmentadas; Uno e Todo que funcionariam como efeito, efeito de máquinas, em vez de agirem *[196]* como princípios. Uma comunicação que não seria colocada como princípio, mas que resultaria do jogo das máquinas e de suas peças separadas, de suas partes não comunicantes. Filosoficamente, foi Leibniz quem pela primeira vez formulou o problema de uma comunicação resultante de partes isoladas ou de coisas que não se comunicam: como conceber a comunicação das mônadas, que não têm porta nem janela? A resposta enganadora de Leibniz é que as mônadas fechadas dispõem todas elas do mesmo estoque, envolvendo e exprimindo o mesmo mundo na série infinita de seus predicados, cada qual se contentando em ter uma região de expressão clara, distinta da região das outras, sendo todas portanto pontos de vista diferentes sobre o mesmo mundo que Deus as fez envolver. A resposta de Leibniz restaura assim uma unidade e uma totalidade prévias, sob a forma de um Deus que introduz em cada mônada o mesmo estoque de mundo ou de informação ("harmonia preestabelecida"), e que cria entre suas solidões uma "correspondência" espontânea. Não é esse, entretanto, o pensamento de Proust, para quem diversos mundos correspondem aos pontos de vista sobre o mundo, e para quem unidade, totalidade e comunicação só podem resultar das máquinas e nunca constituir um estoque preestabelecido.[4]

O problema da obra de arte é, insistamos, *[197]* o de uma unidade e de uma totalidade que não seriam nem lógicas nem orgânicas, isto é, que não seriam nem pressupostas pelas partes, como unidade perdida ou totalidade fragmentada, nem formadas ou

---

[4] Proust certamente leu Leibniz, pelo menos nas aulas de filosofia: Saint-Loup, em sua teoria da guerra e da estratégia, invoca um ponto preciso da doutrina leibniziana ("você se lembra daquele livro de filosofia que líamos juntos em Balbec..."), CG, RII, pp. 115-6. De modo geral, pareceu-nos que as essências singulares de Proust estavam mais próximas das mônadas leibnizianas do que de essências platônicas.

prefiguradas por elas no curso de um desenvolvimento lógico ou de uma evolução orgânica. Proust era tão consciente desse problema que chegou a assinalar-lhe a origem: foi Balzac quem soube colocá-lo e, por essa razão, soube criar um novo tipo de obra de arte. Pois é um mesmo contrassenso, uma mesma incompreensão da genialidade de Balzac, que nos faz acreditar que ele já tivesse uma vaga ideia lógica da unidade de *A comédia humana* ou que essa unidade se tivesse formado organicamente à medida que a obra crescia. Na verdade, a unidade é um resultado e foi descoberta por Balzac como um *efeito* de seus livros. Um "efeito" não é uma ilusão: "Considerou subitamente, ao projetar sobre eles uma iluminação retrospectiva, que ficariam mais belos reunidos num ciclo em que os mesmos personagens reaparecessem e acrescentou à sua obra, nesse trabalho de coordenação, uma pincelada, a última e a mais sublime. Unidade ulterior e não factícia... não fictícia, talvez até mais real por ser ulterior...".[5] O erro seria acreditar que a consciência ou a descoberta da unidade, vindo depois, não mudasse a natureza e a função desse Uno. O uno ou o todo de Balzac são tão especiais que resultam das partes sem alterar-lhes a fragmentação ou a disparidade, e, como os dragões de Balbec ou a frase musical de Vinteuil, valem como uma parte ao lado das outras, adjacente às outras — a unidade "surge (desta vez aplicando-se ao conjunto) *[198]* como um trecho composto à parte", como uma última pincelada localizada, não como uma abertura geral. Assim, de certo modo Balzac *não tem estilo*; não que ele diga "tudo", como acreditava Sainte-Beuve, mas as partes de silêncio e de palavra, o que ele diz e o que não diz, se distribuem numa fragmentação que o todo vem confirmar, visto que é um resultado, e não corrigir ou ultrapassar. "Em Balzac coexistem, *não digeridos, não ainda transformados*, todos os elementos necessários de um estilo por vir que não existe. O estilo não sugere, não reflete — *ele explica*. Explica, aliás, com a ajuda das mais surpreendentes imagens, *não fundidas com o resto*, que fazem com que se compreenda o que ele quer di-

[5] P, RIII, p. 161.

zer, tal como acontece quando se tem uma conversa genial, *não se preocupando com a harmonia*, nem tampouco em intervir."[6]

Pode-se dizer que também Proust não tem estilo? É possível dizer que a frase de Proust, inimitável ou muito facilmente imitável, em todo caso sempre reconhecível, possuidora de uma sintaxe e um vocabulário bastante específicos, produtora de efeitos que devem ser designados pelo nome próprio de Proust, seja, no entanto, sem estilo? Como se explica que a ausência de estilo se torne com ele a força genial de uma nova literatura? Seria necessário comparar o conjunto final do tempo redescoberto com o Prefácio de Balzac: o sistema das plantas substituiu o que era para Balzac o Animal: os mundos substituíram o meio; as essências substituíram os caracteres; a interpretação silenciosa *[199]* substituiu a "conversa genial". Mas a "desordem assustadora", sobretudo não preocupada com o todo nem com a harmonia, é conservada e elevada a um novo valor. Em Proust o estilo não se propõe descrever nem sugerir: como em Balzac, ele é explicativo, ele explica por imagens. É um não estilo porque se confunde com "o interpretar" puro e sem sujeito, e multiplica os pontos de vista sobre a frase, no interior da frase. Esta, portanto, é como o rio que aparece "totalmente deslocado, aqui se espraiando em lago, ali feito filetes, interrompido em outro lugar pela interposição de uma colina". O estilo é a explicação dos signos em diferentes velocidades de desenvolvimento, segundo as cadeias associativas que lhes são próprias, atingindo em cada um deles o ponto de ruptura da essência como Ponto de vista; daí o papel de incidentes, subordinadas, comparações que exprimem numa imagem o processo de explicação, a imagem sendo boa quando explica bem, sempre explosiva, sem nunca se sacrificar à pretensa beleza do conjunto. Ou melhor, o estilo começa com dois objetos *diferentes*, distantes, até mesmo quando são contíguos; pode ser que esses dois objetos se pareçam objetivamente, sejam do mesmo tipo; pode ser que eles sejam ligados subjetivamente por uma cadeia de associação. O estilo terá de

---

[6] *Contre Sainte-Beuve*, Paris, Gallimard, 1954, pp. 207-8. E p. 216: "estilo inorganizado". Todo o capítulo insiste nos *efeitos de literatura*, análogos a verdadeiros efeitos ópticos.

arrastar tudo isso, como um rio que carreia os materiais de seu leito. Mas isso não é o essencial. O essencial é quando a frase atinge um Ponto de vista próprio a cada um dos dois objetos, mas um ponto de vista que se deve dizer que é próprio ao objeto porque o objeto já foi deslocado por ele, como se o ponto de vista se dividisse em mil pontos de vista diversos não comunicantes, de modo que, *[200]* a mesma operação se fazendo com o outro objeto, os pontos de vista podem inserir-se uns nos outros, ressoar uns com os outros, mais ou menos como o mar e a terra trocam seus pontos de vista nos quadros de Elstir. Eis "o efeito" de estilo explicativo: sendo dados dois objetos, *ele produz objetos parciais* (os produz como objetos parciais inseridos um no outro), *produz efeitos de ressonância, produz movimentos forçados*. Essa é a imagem, o produto do estilo. Produção em estado puro, que é encontrada na arte — pintura, literatura ou música, sobretudo na música. À medida que se descem os níveis da essência, dos signos da arte aos signos da natureza, do amor ou mesmo do mundo, reintroduz-se um mínimo de necessidade da descrição objetiva e da sugestão associativa, mas isso acontece apenas pelo fato de que a essência tem condições de encarnação materiais que substituem as livres condições espirituais artísticas, como dizia Joyce.[7] O estilo nunca é do homem, é sempre da essência *[201]* (não estilo). Ele nunca é próprio de um ponto de vista, é feito da coexistência, numa mesma frase, de uma série infinita de pontos de vista pelos quais o objeto se desloca, ressoa ou se amplifica.

[7] Seria preciso comparar a concepção proustiana da imagem com outras concepções pós-simbolistas: a epifania de Joyce, por exemplo, ou o imagismo e o "vorticismo" de Ezra Pound. Os seguintes traços parecem comuns: a imagem como elo autônomo entre dois objetos concretos *considerados como* diferentes (a imagem, equação concreta); o estilo como multiplicidade de pontos de vista sobre um mesmo objeto e troca de pontos de vista sobre vários objetos; a linguagem como integrando e compreendendo suas próprias variações constitutivas de uma história universal e fazendo com que cada fragmento fale por sua própria voz; a literatura como produção, como ação de máquinas produtoras de efeitos; a explicação, não como intenção didática, mas como técnica de enrolamento e de desenrolamento, a escrita como processo *ideogramatical* (várias vezes invocada por Proust).

Não é, portanto, o estilo que garante a unidade, pois ele deve receber de outra parte sua própria unidade. Tampouco é a essência, visto que ela, como ponto de vista, está perpetuamente fragmentando e sendo fragmentada. Qual é, então, essa modalidade tão especial de unidade irredutível a qualquer "unificação", unidade tão especial que só surge posteriormente, que assegura a troca dos pontos de vista e a comunicação das essências, e que surge, segundo a lei da essência, como uma parte ao lado das outras, pincelada final ou fragmento localizado? Eis a resposta: num mundo reduzido a uma multiplicidade de caos, somente a estrutura formal da obra de arte, na medida em que não remete a outra coisa, pode servir de unidade — posterior (ou, como dizia Umberto Eco, "a obra como todo propõe novas convenções linguísticas a que ela se submete, e se torna a chave de seu próprio código"). Mas todo o problema reside em saber em que se baseia essa estrutura formal e como ela dá às partes e ao estilo uma unidade que, sem ela, não teriam. Ora, vimos anteriormente, nas mais diversas direções, a importância de uma *dimensão transversal* na obra de Proust: a transversalidade.[8] É ela que permite, *[202]* num trem, não unificar os pontos de vista de uma paisagem, mas fazê-los comunicar segundo sua dimensão própria, em sua dimensão própria, enquanto eles permanecem não comunicantes segundo as deles. É ela que constitui a unidade e a totalidade singulares do caminho de Méséglise e do caminho de Guermantes, sem suprimir-lhes a diferença ou a distância: "entre esses dois caminhos, transversais se estabeleciam".[9] É ela que funda as profanações e é frequentada pelo zangão, o inseto transversal que estabelece a comunicação dos sexos, em si mesmos compartimentados. É ela que permite a transmissão de um raio de luz entre dois universos tão diferentes quanto são os mundos astronômicos. A transversalidade é, portanto, a nova convenção linguística, a estrutura formal da obra, que atravessa

[8] Como resultado de pesquisas psicanalíticas, Félix Guattari formulou um conceito muito fértil de "transversalidade" para dar conta das comunicações e relações do inconsciente: cf. "La transversalité", *Revue de Psychothérapie Institutionnelle*, n° 1, 1965.

[9] TR, RIII, p. 1029.

toda a frase, vai de uma frase a outra por todo o livro, chegando até mesmo a unir o livro de Proust aos de quem ele tanto gostava, como Nerval, Chateaubriand, Balzac... Pois se uma obra de arte entra em comunicação com o público e, mais que isso, o suscita, se entra em comunicação com as outras obras do mesmo artista e as suscita, se entra em comunicação com outras obras de outros artistas suscitando-lhes o despertar, é sempre nessa dimensão de transversalidade, em que a unidade e a totalidade se organizam por si mesmas sem unificar nem totalizar objetos ou sujeitos.[10] Dimensão suplementar que se acrescenta àquelas que ocupam os *[203]* personagens, os acontecimentos e as partes da *Recherche* — dimensão no tempo sem medida comum com as dimensões que eles ocupam no espaço. Ela mistura os pontos de vista; faz com que os vasos fechados se comuniquem sem deixar de ser fechados: Odette com Swann, a mãe com o narrador, Albertine com o narrador, e depois, como última "pincelada", a velha Odette com o duque de Guermantes — cada uma prisioneira, mas todas se comunicando transversalmente.[11] Assim é o tempo, a dimensão do narrador, que tem o poder de ser o todo *dessas* partes, sem totalizá-las, a unidade *de* todas essas partes, sem unificá-las. *[204]*

[10] Cf. as grandes passagens sobre a arte, na *Recherche*: a comunicação de uma obra com um público (TR, RIII, pp. 895-6); a comunicação entre duas obras de um mesmo autor, como, por exemplo, a sonata e o septeto (P, RIII, pp. 249-57); a comunicação entre artistas diferentes (CG, RII, p. 327; P, RIII, pp. 158-9).

[11] TR, RIII, p. 1029.

Conclusão
PRESENÇA E FUNÇÃO DA LOUCURA, A ARANHA
[205]

Não colocamos o problema da arte e da loucura na obra de Proust. Essa questão talvez não tenha muito sentido. E muito menos formular a questão sobre se Proust era louco. Pretendemos apenas tratar da presença da loucura em sua obra e da distribuição, do uso ou da função dessa presença.

Pois a loucura aparece e funciona, sob diferentes modalidades, em pelo menos dois personagens principais: Charlus e Albertine. Desde as primeiras aparições de Charlus, seu olhar estranho, seus olhos são descritos como os de um espião, de um ladrão, de um negociante, de um policial ou de um *louco*.[1] No final, Morel sente um justificável pavor com a ideia de que Charlus seja movido contra ele por uma loucura criminosa.[2] *[206]* Durante todo o tempo as pessoas pressentem em Charlus a presença de uma loucura que o torna muito mais assustador do que se ele fosse apenas imoral ou perverso, culpado ou responsável. Os maus costumes "assustam porque sentimos neles aflorar a loucura, muito mais do que por serem imorais. A Sra. de Surgis tinha um sentimento moral nada desenvolvido, e teria admitido qualquer procedimento dos filhos aviltado e explicado pelo interesse, o que é compreensível em todos os homens! Mas proibiu-lhes que continuassem a frequentar o Sr. de Charlus ao saber que, por uma espécie de mecanismo de repetição, ele era como que fatalmente levado, em cada visita, a beliscar-lhes o queixo e a fazer com que se beliscassem. Ela experimentou aquele sentimento inquieto do mistério físico

[1] JF, RI, p. 571.
[2] TR, RIII, pp. 804-6.

que nos leva a perguntar se o vizinho com quem mantínhamos boas relações não estaria atacado de antropofagia, e às repetidas perguntas do barão: 'Quanto verei de novo os rapazes?', respondeu, ciente das tempestades a que se expunha, que eles andavam muito ocupados com as aulas, os preparativos de uma viagem etc. A irresponsabilidade agrava os erros e até mesmo os crimes, digam o que disserem. Landru, admitindo-se que ele tenha realmente matado suas mulheres, se o fez por interesse, coisa a que se pode resistir, pode ser perdoado, mas não se foi por um sadismo irresistível".[3] Além da responsabilidade pelos erros, a loucura como inocência do crime.

Que Charlus seja louco é uma probabilidade desde o início e uma quase certeza no final. No caso de Albertine, é antes uma eventualidade póstuma que projeta retrospectivamente sobre seus gestos e suas palavras, sobre toda a sua *[207]* vida, uma nova luz inquietante em que Morel ainda está envolvido. "No fundo, ela sentia que era uma espécie de loucura criminosa, e muitas vezes fiquei pensando se não teria sido depois de uma coisa dessas, tendo provocado um suicídio em certa família, que ela própria se matou."[4] Que mistura é essa de loucura-crime-irresponsabilidade--sexualidade, que passa sem dúvida pelo tema do parricídio, tão caro a Proust, mas que entretanto não se reduz ao esquema edipiano tão conhecido? Uma espécie de inocência no crime em razão da loucura, tanto mais insuportável que leva ao suicídio?

Vejamos, em primeiro lugar, o caso de Charlus. Este se apresenta imediatamente como uma forte personalidade, uma individualidade imperial. Mas essa individualidade é um império, uma nebulosa que oculta ou contém várias coisas desconhecidas. Qual é o segredo de Charlus? A nebulosa se forma em torno de dois pontos singulares brilhantes: os olhos e a voz. Os olhos ora são trespassados por clarões dominadores, ora percorridos por movimentos bisbilhoteiros, ora com atividade febril, ora com melancólica indiferença. A voz mistura o conteúdo viril do discurso com o

[3] P, RIII, p. 205.

[4] AD, RIII, p. 600 (uma das versões de Andrée).

maneirismo efeminado da expressão. Charlus aparece como um enorme signo cintilante, como uma grande caixa óptica e vocal; quem o ouve ou encontra seu olhar se acha diante de um segredo a decifrar, de um mistério a desvendar, a interpretar, que pressente desde o início como algo que pode ir até a loucura. E a necessidade de interpretar Charlus se baseia no fato de que *[208]* o próprio Charlus interpreta, não para de interpretar, como se essa fosse sua loucura, como se esse já fosse seu delírio, delírio de interpretação.

Da nebulosa-Charlus jorra uma série de discursos ritmados pelo olhar vacilante. *Três grandes discursos* ao narrador, que têm como motivação os signos que Charlus interpreta, como profeta e adivinho, e que têm como destino os signos que Charlus propõe ao narrador, reduzido ao papel de discípulo ou de aluno. O essencial dos discursos está, no entanto, em outra parte, nas palavras voluntariamente organizadas, nas frases soberanamente organizadas, em um *logos* que calcula e transcende os signos de que se serve: Charlus, mestre do *logos*. E desse ponto de vista resulta uma estrutura comum aos três grandes discursos, apesar de suas diferenças de ritmo e de intensidade. Há um primeiro momento de denegação em que Charlus diz ao narrador: você não me interessa, não creia que possa me interessar, mas... Há um segundo momento de distanciamento: entre mim e você a distância é infinita, mas podemos nos completar, eu lhe ofereço um contrato... Há um terceiro momento, inesperado, como que um descarrilhamento repentino do *logos*, em que ele é atravessado por algo que não mais se deixa organizar. É suscitado por uma potência de outra espécie — cólera, injúria, provocação, profanação, fantasma sádico, gesto de demência, irrupção da loucura. Isso acontece desde o primeiro discurso, todo ele feito de nobre ternura, mas que tem sua conclusão aberrante, no dia seguinte na praia, na observação canalha e profética do Sr. de Charlus: "Afinal, você está pouco ligando para a vovó, hem, seu malandrinho?". O segundo discurso *[209]* reveza com uma fantasia de Charlus, imaginando uma cena ridícula em que Bloch surraria o próprio pai e esbofetearia a crápula de sua mãe: "Ao dizer essas coisas horríveis e quase loucas, o Sr. de Charlus me apertava o braço até me fazer mal". O terceiro discurso, finalmente, se precipita na violenta prova do chapéu pisoteado e destruído. É verdade que desta vez não foi Charlus, mas o próprio narrador quem pisoteou o chapéu; todavia, veremos como o narrador evidencia uma loucura que vale por todas as outras, ora se comunicando com a de Charlus, ora com a de Albertine, podendo anteceder-lhes ou aumentar-lhes os efeitos.[5]

Se Charlus é o senhor aparente do *logos*, seus discursos não são menos agitados por signos involuntários que resistem à organização soberana da linguagem, que não se deixam dominar nas palavras e nas frases, mas fazem desaparecer o *logos* e nos levam para outro campo. "Por mais belas que fossem as palavras com que coloria seus ódios, sentia-se que, mesmo que ele tivesse, ora o orgulho ultrajado, ora um amor frustrado, ou um rancor, um sadismo, uma impertinência, uma ideia fixa, esse homem seria capaz de assassinar..." Signos de violência e de loucura que constituem todo um *pathos* contra e sob os signos voluntários organizados pela "lógica e pela beleza da linguagem". É esse *pathos* que agora vai se revelar nas aparições em que Charlus fala cada vez menos do alto de sua soberana organização e se trai cada vez mais no curso de uma longa decomposição *[210]* social e física. Não é mais o mundo dos discursos e de suas comunicações verticais exprimindo uma hierarquia de regras e posições, mas o mundo dos encontros anárquicos, dos acasos violentos, com suas comunicações transversais aberrantes. É o encontro Charlus-Jupien, em que se descobre o tão esperado segredo de Charlus: a homossexualidade. Mas será esse o segredo? Pois o que é descoberto é menos a homossexualidade, de há muito previsível e adivinhada, do que um regime geral que faz dessa homossexualidade um caso particular de uma loucura universal mais profunda, em que se entrelaçam de todos os modos a inocência e o crime. O que é descoberto é o mundo em que não mais se fala, o silencioso universo vegetal, a loucura das Flores, cujo tema fragmentado vem ritmar o encontro com Jupien.

O *logos* é um grande Animal cujas partes se reúnem em um todo e se unificam sob um princípio ou ideia diretriz; mas o *pathos* é um vegetal composto de partes compartimentadas que só se co-

---

[5] Os três discursos de Charlus: JF, RI, pp. 765-7; CG, RII, pp. 285-96, 553-65.

municam indiretamente numa parte infinitamente à parte de tal modo que nenhuma totalização, nenhuma unificação, pode reunir esse mundo cujos últimos pedaços não têm falta de mais nada. É o universo esquizoide das caixas fechadas, das partes compartimentadas, em que a própria contiguidade é uma distância: o mundo do sexo. É isso que nos ensina Charlus para além de seus discursos. Em cada indivíduo que traz em si os dois sexos "separados por um compartimento" devemos fazer intervir um nebuloso conjunto de oito elementos, em que a parte masculina ou a parte feminina de um homem ou de uma mulher pode relacionar-se com a parte feminina ou a parte masculina de outra mulher ou de outro homem [211] (*dez combinações para os oito elementos*).[6] Relações aberrantes entre vasos fechados; zangão que faz a comunicação entre as flores e que perde seu valor animal próprio para ser, com relação a elas, apenas um pedaço composto à parte, elemento disparatado num aparelho de reprodução vegetal.

Talvez exista neste caso uma composição que sempre se encontra na *Recherche*: parte-se de uma primeira nebulosa que forma um conjunto aparentemente circunscrito, unificável e totalizável. Uma ou várias séries se desligam desse primeiro conjunto, desembocando, por sua vez, numa nova nebulosa, dessa vez descentralizada ou excêntrica, feita de caixas fechadas giratórias, pedaços móveis disparatados, que seguem as linhas de fuga transversais. No caso de Charlus, a primeira nebulosa em que brilham seus olhos, sua voz; depois, a série dos discursos; finalmente, o último mundo inquietante dos signos e das caixas, dos signos encaixados e desencaixados que compõem Charlus e que se deixam entreabrir ou interpretar pela linha de fuga de um astro declinante e de seus satélites ("O Sr. de Charlus que vinha navegando em direção a nós com seu corpo enorme, arrastando sem querer, através de si, um desses apaches ou mendigos que agora à sua passagem surgia in-

---

[6] Uma combinação elementar será definida pelo encontro de uma parte masculina ou feminina de um indivíduo com a parte masculina ou feminina de outro. Teremos, portanto: p.m. de um homem e p.f. de uma mulher, mas também, p.m. de uma mulher e p.f. de um homem, p.m. de um homem e p.f. de outro homem, p.m. de um homem e p.m. de outro homem etc.

falivelmente até dos lugares aparentemente mais desertos...").[7] A mesma composição rege a história de Albertine: *[212]* a nebulosa das jovens de onde Albertine se destaca lentamente; a grande série dos dois ciúmes sucessivos com relação a ela; finalmente, a coexistência de todas as caixas em que Albertine se aprisiona em suas mentiras, mas também é aprisionada pelo narrador, nova nebulosa que, a seu modo, recompõe a primeira, visto que o final do amor é como que um retorno à indivisão inicial das jovens. E a linha de fuga de Albertine é comparável à de Charlus. Mais ainda, na exemplar passagem do beijo em Albertine, o narrador, à espreita, parte do rosto de Albertine, conjunto móvel onde brilha uma pinta como ponto singular; depois, à medida que os lábios do narrador se aproximam da face, o rosto desejado passa por uma série de planos sucessivos a que correspondem várias Albertines, a pinta passando de um para outro; por último, a mistura final em que o rosto de Albertine se desencaixa e se desfaz e em que o narrador, perdendo o uso dos lábios, dos olhos, do nariz, reconhece "nesses signos detestáveis" que está beijando o ser amado.

Essa grande lei de composição e decomposição vale tanto para Albertine quanto para Charlus por ser a lei dos amores e da sexualidade. Os amores intersexuais, especialmente o do narrador por Albertine, não são absolutamente uma aparência sob a qual Proust esconderia sua própria homossexualidade. Ao contrário, esses amores formam o conjunto inicial de onde sairão, em segundo lugar, as duas séries homossexuais representadas por Albertine e Charlus ("os dois sexos morrerão cada um do seu lado"). Mas estas séries, por sua vez, desembocam em um universo transexual onde os sexos compartimentados, *[213]* encaixados, se reagrupam em cada um para comunicar com os de outro segundo vias transversais aberrantes. Se é verdade que uma espécie de normalidade de superfície caracteriza o primeiro nível ou o primeiro conjunto, as séries que dele se desprendem no segundo nível são marcadas por todos os sofrimentos, angústias e culpabilidades do que chamamos neurose: maldição de Édipo e profecia de Sansão. Mas o terceiro nível restabelece uma inocência vegetal na decomposição,

[7] P, RIII, p. 204.

conferindo à loucura sua função absolutória num mundo em que as caixas explodem ou tornam a se fechar, crimes e sequestros que constituem "a comédia humana" à maneira de Proust, pela qual se desenvolve uma nova e última potência que transforma todas as outras, uma potência muito louca, a da própria *Recherche*, na medida em que reúne o policial e o louco, o espião e o comerciante, o intérprete e o reivindicador.

Apesar de a história de Albertine e a de Charlus obedecerem à mesma lei geral, a loucura tem, nos dois casos, uma forma e uma função muito diferentes e não se distribui da mesma maneira. Vemos entre a loucura-Charlus e a loucura-Albertine três grandes diferenças. A primeira é que Charlus dispõe de uma individuação superior, bem como de uma individualidade imperial. A perturbação de Charlus diz respeito à comunicação: as questões "o que Charlus esconde?", "quais são as caixas secretas que ele oculta em sua individualidade?" remetem às comunicações que estão por serem descobertas, à aberração dessas comunicações, de modo que a loucura-Charlus só pode se manifestar, interpretar e se interpretar graças aos *[214]* violentos encontros casuais, com relação aos novos meios em que Charlus imergiu e que agirão como reveladores, indutores, comunicadores (encontros com o narrador, encontro com Jupien, encontro com os Verdurin, encontro no bordel). O caso de Albertine é diferente porque sua perturbação diz respeito à própria individuação: qual das jovens ela é? Como extraí-la e selecioná-la do grupo indiviso das jovens? Dir-se-ia, nesse caso, que suas comunicações são a princípio dadas, mas que o oculto é o mistério de sua individuação; e que esse mistério só pode ser desvendado na medida em que as comunicações são interrompidas, imobilizadas à força, Albertine aprisionada, enclausurada, sequestrada. Dessa primeira diferença decorre uma segunda: Charlus é o mestre do discurso; nele tudo acontece pelas palavras, mas, em compensação, nada acontece nas palavras. Seus investimentos são antes de tudo verbais, de tal modo que as coisas ou os objetos se apresentam como signos involuntários voltados contra o discurso, ora tornando-o disparatado, ora formando uma contralinguagem que se desenvolve no silêncio e no mutismo dos encontros. A relação de Albertine com a linguagem é, ao contrário, estabelecida por mentiras humildes e nunca por desvio aristocrático. É que nela o investimento permanece um investimento de coisa ou de objeto que vai se exprimir na própria linguagem, à condição de fragmentar seus signos voluntários e de submetê-los às leis da mentira que neles inserem o involuntário: tudo pode, então, acontecer na linguagem (inclusive o silêncio), exatamente porque nada acontece pela linguagem.

Finalmente, há uma terceira grande diferença. No *[215]* final do século XIX e início do século XX, a psiquiatria estabelecia uma distinção muito interessante entre duas espécies de delírios dos signos: os delírios de interpretação do tipo paranoia e os delírios de reivindicação do tipo erotomania ou ciúme. Os primeiros apresentam um começo insidioso e um desenvolvimento progressivo que dependem essencialmente de forças endógenas, estendendo-se numa rede geral que mobiliza o conjunto dos investimentos verbais. Os segundos têm um início muito mais brusco e estão ligados a ocasiões exteriores reais ou imaginadas; dependem de uma espécie de "postulado" concernente a determinado objeto e entram em constelações limitadas; são menos delírio de ideias, que passam pelo sistema em extensão dos investimentos verbais, do que delírio de ato, animado por um investimento intensivo de objeto (a erotomania, por exemplo, se apresenta muito mais como uma delirante perseguição ao ser amado do que como uma ilusão delirante de ser amado). *Esses segundos delírios formam uma sucessão de processos lineares finitos, ao passo que os primeiros formavam conjuntos circulares irradiantes.* Não queremos dizer, certamente, que Proust aplica a seus personagens uma distinção psiquiátrica que estava sendo elaborada em seu tempo. Mas Charlus e Albertine, respectivamente, percorrem caminhos na *Recherche* que correspondem de maneira muito precisa a essa distinção. Foi o que tentamos demonstrar no que se refere a Charlus, grande paranoico cujas primeiras aparições são insidiosas e cujo desenvolvimento e precipitação do delírio revelam terríveis forças endógenas, e que recobre, como toda a sua demência verbal interpretativa, os mais misteriosos signos de uma não linguagem que o trabalha: em suma, a imensa rede Charlus. Do outro lado está Albertine, *[216]* ela própria objeto ou perseguidora de objetos; lançando postulados que lhe são familiares, ou presa pelo narrador num postulado sem saída do qual é vítima (*Albertine* a priori *e necessariamente culpada, amar sem ser amado, ser severo, cruel e pérfido com quem se ama*). Erotômana e ciumenta, embora seja também e sobretudo o narrador que se mostre assim a seu respeito. E a série dos dois ciúmes com relação a Albertine, inseparáveis em cada caso da ocasião exterior, constituindo processos sucessivos. E os signos da linguagem e da não linguagem se inserem uns nos outros, formando as constelações limitadas da mentira. Todo um delírio de ação e de reivindicação que difere do delírio de ideias e de interpretação de Charlus.

Mas por que confundir num mesmo caso Albertine e as condutas do narrador com relação a Albertine? Na verdade, tudo nos indica que o ciúme do narrador recai sobre uma Albertine profundamente ciumenta no que diz respeito a seus próprios "objetos". E a erotomania do narrador com relação a Albertine (a delirante perseguição do amado sem ilusão de ser amado) reveza com a erotomania da própria Albertine, durante muito tempo apenas suspeitada, mas depois confirmada como o segredo que suscitava o ciúme do narrador. E a reivindicação do narrador de aprisionar, de enclausurar Albertine, oculta as reivindicações de Albertine, adivinhadas tarde demais. Na verdade, o caso de Charlus é análogo: não há possibilidade de distinguir o trabalho do delírio de interpretação de Charlus do longo trabalho de interpretação do delírio a que o narrador se dedica com relação a Charlus. Perguntamos de onde [217] vem a necessidade dessas interpretações parciais e qual é a sua função na *Recherche*.

Ciumento com relação a Albertine, intérprete de Charlus, o que é afinal o narrador? Não cremos na necessidade de distinguir o narrador e o herói como dois sujeitos (sujeito de enunciação e sujeito de enunciado), porque seria remeter a *Recherche* a um sistema de subjetividades (sujeito desdobrado, fendido) que lhe é totalmente estranho.[8] Há menos um narrador do que uma máquina

---

[8] Sobre a distinção herói-narrador na *Recherche*, cf. Gérard Genette, *Figures III*, Paris, 1972, pp. 259 e seguintes. Genette introduz, no entanto, numerosas correções a essa distinção.

da *Recherche* e menos um herói do que agenciamentos em que a máquina funciona com esta ou aquela configuração, de acordo com esta ou aquela articulação, para este ou aquele uso, para determinada produção. É apenas neste sentido que podemos indagar o que é o narrador-herói, que não funciona como sujeito. Deve impressionar o leitor o fato de Proust apresentar insistentemente o narrador como incapaz de ver, de perceber, de lembrar-se, de compreender.... É a grande oposição ao método Goncourt ou Sainte-Beuve. Esse é um tema constante da *Recherche*, que culmina no campo, na casa dos Verdurin ("vejo que gosta das correntes de ar...").[9] Na verdade o narrador não tem órgãos, ou pelo menos aqueles que lhe seriam necessários ou que gostaria de ter, como ele mesmo diz na cena do primeiro beijo em Albertine, quando lamenta não termos órgão adequado para exercer essa atividade que preenche nossos *[218]* lábios, tapa nosso nariz e fecha nossos olhos. O narrador é, na verdade, um enorme Corpo sem órgãos.

Mas o que é um corpo sem órgãos? Também a aranha nada vê, nada percebe, de nada se lembra. Acontece que numa das extremidades de sua teia ela registra a menor vibração que se propaga até seu corpo em onda intensiva e que a faz, de um salto, atingir o lugar exato. Sem olhos, sem nariz, sem boca, a aranha responde unicamente aos signos e é atingida pelo menor signo que atravessa seu corpo como uma onda e a faz pular sobre a presa. A *Recherche* não é construída como uma catedral nem como um vestido, mas como uma teia. O narrador-aranha, cuja teia é a *Recherche* que se faz, que se tece com cada fio movimentado por este ou aquele signo: a teia e a aranha, a teia e o corpo são uma mesma máquina. O narrador pode ser dotado de uma extrema sensibilidade, de uma prodigiosa memória: ele não possui órgãos no sentido em que é privado de todo uso voluntário e organizado de suas faculdades. Em compensação, uma faculdade se exerce nele quando é coagida e forçada a fazê-lo; e o órgão correspondente vem situar-se nele, mas como um *esboço intensivo* despertado pelas ondas que lhe provocam o uso involuntário. Sensibilidade involuntária, memória involuntária, pensamento involuntário são como

[9] SG, RII, p. 944.

que reações globais intensas do corpo sem órgãos a signos de diversas naturezas. Esse corpo-teia-aranha se agita para entreabrir ou fechar cada uma das pequenas caixas que vêm deparar-se com um fio viscoso da *Recherche*. Estranha plasticidade do narrador. Esse corpo-aranha do narrador, o espião, o policial, o [219] ciumento, o intérprete e o reivindicador — o louco — o esquizofrênico universal vai estender um fio até Charlus, o paranoico, outro até Albertine, a erotómana, para fazê-los marionetes de seu próprio delírio, potências intensivas de seu corpo sem órgãos, perfis de sua loucura.

Conclusão: Presença e função da loucura, a Aranha

SOBRE O AUTOR

Gilles Deleuze nasceu em 18 de janeiro de 1925, em Paris, numa família de classe média. Perdeu seu único irmão, mais velho do que ele, durante a luta contra a ocupação nazista. Gilles apaixonou-se por literatura, mas descobriu a filosofia nas aulas do professor Vial, no Liceu Carnot, em 1943, o que o levou à Sorbonne no ano seguinte, onde obteve o Diploma de Estudos Superiores em 1947 com um estudo sobre David Hume (publicado em 1953 como *Empirismo e subjetividade*). Entre 1948 e 1957 lecionou no Liceu de Amiens, no de Orléans e no Louis-Le-Grand, em Paris. Já casado com a tradutora Fanny Grandjouan em 1956, com quem teve dois filhos, trabalhou como assistente em História da Filosofia na Sorbonne entre 1957 e 1960. Foi pesquisador do CNRS até 1964, ano em que passou a lecionar na Faculdade de Lyon, lá permanecendo até 1969. Além de Jean-Paul Sartre, teve como professores Ferdinand Alquié, Georges Canguilhem, Maurice de Gandillac, Jean Hyppolite e Jean Wahl. Manteve-se amigo dos escritores Michel Tournier, Michel Butor, Jean-Pierre Faye, além dos irmãos Jacques e Claude Lanzmann e de Olivier Revault d'Allonnes, Jean-Pierre Bamberger e François Châtelet. Em 1962 teve seu primeiro encontro com Michel Foucault, a quem muito admirava e com quem estabeleceu trocas teóricas e colaboração política. A partir de 1969, por força dos desdobramentos de Maio de 1968, firmou sua sólida e produtiva relação com Félix Guattari, de que resultaram livros fundamentais como *O anti-Édipo* (1972), *Mil platôs* (1980) ou *O que é a filosofia?* (1991). De 1969 até sua aposentadoria em 1987 deu aulas na Universidade de Vincennes (hoje Paris VIII), um dos centros do ideário de Maio de 68. Em 1995, quando o corpo já doente não pôde sustentar a vitalidade de seus encontros, o filósofo decide conceber a própria morte: seu suicídio ocorre em Paris em 4 de novembro desse ano. O conjunto de sua obra — em que se destacam ainda os livros *Diferença e repetição* (1968), *Lógica do sentido* (1969), *Cinema 1: A imagem-movimento* (1983), *Cinema 2: A imagem-tempo* (1985), *Crítica e clínica* (1993), entre outros — deixa ver, para além da pluralidade de conexões que teceu entre a filosofia e seu "fora", a impressionante capacidade de trabalho do autor, bem como sua disposição para a escrita conjunta, e até para a coescrita, como é o caso dos livros assinados com Guattari.

SOBRE O TRADUTOR

Roberto Machado nasceu no Recife em 1942. Fez bacharelado em Filosofia pela Universidade Católica de Pernambuco (1965), e mestrado (1969) e doutorado (1981) em Filosofia pela Université Catholique de Louvain, na Bélgica. Realizou diversos estágios no Collège de France, sob orientação de Michel Foucault, entre 1973 e 1981, e fez seu pós-doutorado na Universidade de Paris VIII, com Gilles Deleuze, em 1985-86. Foi professor da UFPb (1970), da PUC-RJ (1971-1981), do Instituto de Medicina Social da UERJ (1974-1979) e professor titular do Instituto de Filosofia e Ciências Sociais da Universidade Federal do Rio de Janeiro (IFCS-UFRJ), onde lecionou de 1982 a 2017. Publicou os seguintes livros: *Danação da norma: medicina social e a constituição da psiquiatria no Brasil* (em colaboração, 1978); *Ciência e saber: a trajetória da arqueologia de Foucault* (Graal, 1982); *Nietzsche e a verdade* (Rocco, 1984); *Deleuze e a filosofia* (Graal, 1990); *Zaratustra, tragédia nietzschiana* (Zahar, 1997); *Foucault, a filosofia e a literatura* (Zahar, 2000); *O nascimento do trágico: de Schiller a Nietzsche* (Zahar, 2006); *Foucault, a ciência e o saber* (Zahar, 2006); *Deleuze, a arte e a filosofia* (Zahar, 2009); e *Impressões de Michel Foucault* (n-1 edições, 2017), entre outros. De Gilles Deleuze, traduziu *Proust e os signos* (Forense Universitária, 1987); *Diferença e repetição* (com Luiz B. L. Orlandi, Graal, 1988); *Francis Bacon: lógica da sensação* (vol. 1) (coordenação, Zahar, 2007); e *Sobre o teatro: O esgotado e Um manifesto de menos* (com Fátima Saadi e Ovídio de Abreu (Zahar, 2010); além de um dos ensaios da coletânea *A ilha deserta e outros textos* (Iluminuras, 2006). Faleceu no Rio de Janeiro em 19 de maio de 2021.

COLEÇÃO TRANS
direção de Éric Alliez

Gilles Deleuze e Félix Guattari
O que é a filosofia?

Félix Guattari
Caosmose

Gilles Deleuze
Conversações

Barbara Cassin, Nicole Loraux,
Catherine Peschanski
Gregos, bárbaros, estrangeiros

Pierre Lévy
As tecnologias da inteligência

Paul Virilio
O espaço crítico

Antonio Negri
A anomalia selvagem

André Parente (org.)
Imagem-máquina

Bruno Latour
Jamais fomos modernos

Nicole Loraux
Invenção de Atenas

Éric Alliez
A assinatura do mundo

Maurice de Gandillac
Gêneses da modernidade

Gilles Deleuze e Félix Guattari
Mil platôs
(Vols. 1, 2, 3, 4 e 5)

Pierre Clastres
Crônica do índios Guayaki

Jacques Rancière
Políticas da escrita

Jean-Pierre Faye
A razão narrativa

Monique David-Ménard
A loucura na razão pura

Jacques Rancière
O desentendimento

Éric Alliez
*Da impossibilidade
da fenomenologia*

Michael Hardt
Gilles Deleuze

Éric Alliez
Deleuze filosofia virtual

Pierre Lévy
O que é o virtual?

François Jullien
Figuras da imanência

Gilles Deleuze
Crítica e clínica

Stanley Cavell
*Esta América nova,
ainda inabordável*

Richard Shusterman
Vivendo a arte

André de Muralt
A metafísica do fenômeno

François Jullien
Tratado da eficácia

Georges Didi-Huberman
O que vemos, o que nos olha

Pierre Lévy
Cibercultura

Gilles Deleuze
Bergsonismo

Alain de Libera
Pensar na Idade Média

Éric Alliez (org.)
Gilles Deleuze:
uma vida filosófica

Gilles Deleuze
Empirismo e subjetividade

Isabelle Stengers
A invenção das ciências modernas

Barbara Cassin
O efeito sofístico

Jean-François Courtine
A tragédia e o tempo da história

Michel Senellart
As artes de governar

Gilles Deleuze e Félix Guattari
O anti-Édipo

Georges Didi-Huberman
Diante da imagem

François Zourabichvili
Deleuze:
uma filosofia do acontecimento

Gilles Deleuze
Dois regimes de loucos:
textos e entrevistas (1975-1995)

Gilles Deleuze
Espinosa
e o problema da expressão

Gilles Deleuze
Cinema 1 — A imagem-movimento

Gilles Deleuze
Cinema 2 — A imagem-tempo

Gilbert Simondon
A individuação à luz das noções
de forma e de informação

Georges Didi-Huberman
Imagens apesar de tudo

Jacques Rancière
As margens da ficção

Gilles Deleuze
Proust e os signos

Este livro foi composto em Sabon, pela Franciosi & Malta, com CTP e impressão da Edições Loyola em papel Pólen Natural 80 g/m² da Cia. Suzano de Papel e Celulose para a Editora 34, em maio de 2022.